把爱传递下去
凯斯西储大学
教练研究实验室
Coaching Research Lab

激发改变

点燃内心渴望 实现终身成长

Helping People Change

Coaching with Compassion
for Lifelong Learning
and Growth

[美] 理查德·博亚特兹　　｜　梅尔文·史密斯　　｜　埃伦·范奥斯滕　　著
　　　Richard Boyatzis　　　　Melvin Smith　　　　Ellen Van Oosten

黄晗　胡玥　译

机械工业出版社
CHINA MACHINE PRESS

北京市版权局著作权合同登记　图字：01-2023-2375 号。

图书在版编目（CIP）数据

激发改变：点燃内心渴望，实现终身成长 /（美）理查德·博亚特兹（Richard Boyatzis），（美）梅尔文·史密斯（Melvin Smith），（美）埃伦·范奥斯滕（Ellen Van Oosten）著；黄晗，胡玥译 . —北京：机械工业出版社，2023.10

书名原文：Helping People Change: Coaching with Compassion for Lifelong Learning and Growth

ISBN 978-7-111-73836-7

Ⅰ.①激… Ⅱ.①理…②梅…③埃…④黄…⑤胡… Ⅲ.①心理学 Ⅳ.① B84

中国国家版本馆 CIP 数据核字（2023）第 170489 号

机械工业出版社（北京市百万庄大街 22 号　邮政编码 100037）
策划编辑：胡晓阳　　　　　　　责任编辑：胡晓阳
责任校对：张亚楠　张　征　　责任印制：张　博
北京联兴盛业印刷股份有限公司印刷
2024 年 1 月第 1 版第 1 次印刷
170mm×230mm · 17.5 印张 · 3 插页 · 209 千字
标准书号：ISBN 978-7-111-73836-7
定价：99.00 元

电话服务　　　　　　　　　网络服务

客服电话：010-88361066　　机 工 官 网：www.cmpbook.com
　　　　　010-88379833　　机 工 官 博：weibo.com/cmp1952
　　　　　010-68326294　　金 书 网：www.golden-book.com
封底无防伪标均为盗版　机工教育服务网：www.cmpedu.com

致桑迪（Sandy）、珍妮弗（Jennifer）和斯科特（Scott）——我们的伴侣和最好的教练

推荐序

激发改变，教练让世界更美好

自古至今，通过改变追求更加美好的生活一直是人类发展的主题。《论语》云："吾日三省吾身：为人谋而不忠乎？与朋友交而不信乎？传不习乎？"也许古代先贤希望通过这种提问的方式促进改变，进而达到《礼记·大学》提出的"修身、正心、齐家、治国、平天下"的境界。不管是这种提问的方式，还是倡导"格物致知，诚意正心"的修炼，都透露出浓厚的现代教练所倡导的味道。再看当今世界，人类已进入 VUCA（易变性、不确定性、复杂性、模糊性）时代，这要求我们每个人都要适应并拥抱这种变化，才能紧跟时代前进的步伐，避免被快速发展的社会所淘汰。

人们如何才能在这种变革的浪潮中立于不败之地呢？是希望孤独地自我面对，还是希望身边有一位智者或者导师可以提供陪伴和支持呢？哥伦比亚大学商学院曾经做过一次上万人的调查，其中的一个问题是：你是否希望能有一个人来指导自己，为什么？在这项调查中，几乎所有人都希望接受指导：30% 的人在"生活、目标、视野、创造力和诚信"方面有需求；17% 的人在"创业"和"团队、销售与跨文化差异"方面有需求；16% 的人在"领导和管理"方面有需求。其中大多数人希望有人能帮助他们改变习惯和进行有效的领导，并且维持工作和生活的平衡。因此我相信：人们不仅在工作上需要指导，在健康、医疗、教育、家庭等各个领域也都存在大量需求。

正是在这种背景下，以帮助他人完成改变进而实现其梦想的教练应运而生。世界上最大的教练组织国际教练联合会（ICF）认为：教练是客户的伙伴，通过发人深省和富有想象力（创造性）的对话过程，最大限度地激发客户自身寻求解决办法和对策的能力，成为生活和事业上的赢家。我们教练中心则认为：教练是在信任的关系中，通过对话发掘客户的潜力，帮助客户克服障碍，从而实现客户目标和梦想的一门学问。教练的本质是助人改变、成为更好的自己的过程，这是一个综合了哲学、心理学、管理学、成人教育和体育科学等学科的新兴领域。所以有人说："哪里有人类，哪里就有改变，哪里就需要教练。"

我作为国内第一批接触、学习和推广教练，并率先引进 ICF 国际认证教练课程的教练爱好者，在这个行业里摸爬滚打已经 20 个年头了。在与众多教练朋友的交流中，大家最好奇的是我这个理工男放弃当年富豪频出的建筑与房地产行业，转而进入貌似清汤寡水的教育培训行业，其背后的动力是什么？这时我就会给大家分享一个 20 世纪 90 年代的小故事。当时我在一家国企建筑装饰公司做老总，虽然生意上红红火火，收益颇丰，但总是抱怨下属为什么上班不能尽心尽力，为什么在管理上到处跑冒滴漏。有一次，一位骨干员工辞职时对我说："我觉得在您手下学到了不少本事，但您对人就像对机器一样，我过得很不快乐！"我当时愤愤地盯着他回答道："你不快乐！我自己也不知道怎么才能快乐呢！"这次对话唤醒了我对快乐生活的渴望，从而让我走上了探索既能不断成功，又能享受快乐的追梦之路，并最终在不断学习教练的过程中找到了答案。特别是改变了我把"1+1=2"的自然科学定律生搬硬套到管理和人际交往中的思维，让我从拘泥形式、冷酷无趣、苛责抱怨的行为模式，提升到开心富足、积极灵活、理解包容的身心状态，让我的事业和生活都有了翻天覆地的积极改变。

俗话说：仓廪实而知礼节。国人在对物质的需求逐渐满足后，对幸福生活的精神追求日趋强烈。从自己的成长历程中，我充分体验到并认同以正能量助人改变的教练，对提升当今和未来社会的福祉具有无可估量的价值。因此，我在 2007 年便毅然放弃原来从事的建筑和房地产行业，离家来京跨界创业，在国内率先引进 ICF 国际认证教练课程，成为推动教练行业发展的先行者。令我欣喜的是，十多年来我一路推动和见证了国内教练事业从无到有、繁荣发展的历程：越来越多的优秀人才学习教练、运用教练，成为各行各业的翘楚，然后又以教练的方式唤醒和支持他人成长；教练应用的范围也从商业领域逐步扩展到健康、家庭、教育和政府治理等社会各方面。

这些年来，我一方面在教练涉及的各个领域进行了诸多前沿性的探索，例如把教练培养融入企业的真实项目，引进了哈佛体系的健康教练，在清华大学和一些地区的教委分享了"教练式教学法"；另一方面组织多名国内资深教练，挑选和翻译出版了 20 本国际教练行业的精品著作，填补了国内教练行业的诸多空白。在教练日益社会化、普及化的大潮中，我越发期待能找到一本集权威性、专业性、社会性和易读性为一体的更为大众化的教练著作。苍天不负有心人，我终于在全球众多的教练出版物中，精心挑选出这本名家新近之作——《激发改变》，并推荐给了机械工业出版社。

我和本书作者理查德·博亚特兹在美国人才发展协会（ATD）大会和 ICF 年会上有数面之交，我非常喜欢他既朴实又深刻的演讲风格。

他是美国凯斯西储大学（Case Western Reserve University）的杰出教授，也是闻名全球的教练项目的扛鼎人物，曾被《人力资源杂志》（*HR Magazine*）评为全球最具影响力的思想家之一，排名第9位。他曾与"情商"的提出者戈尔曼等众多名师合著过数本专著。我之所以喜欢并强烈推荐《激发改变》这本书，是因为其内容有以下几个明显的特点：

1. 具备人文情怀。每一位读者在阅读本书时，都能够感受到作者们虽以阐述教练为基点，却通篇透露出对人类健康可持续性发展的期待，对彰显社会公平公正、和谐富足的向往，对激励人们学习和成长、发挥潜力、提升绩效，进而事业成功、生活幸福的描绘和呼唤，让人不禁油然而生敬意。

2. 理论水平高。众所周知，凯斯西储大学的教练项目居于国际领先地位。本书内容基于该校过去50年由个人和团队开展的深入实证研究，运用了神经科学、行为科学等学科前沿知识，以及意向改变理论、积极情绪吸引因子（PEA）和消极情绪吸引因子（NEA）等前沿理论，让本书在深度和广度上明显超越了大多数其他有关助人、管理和教练类的书籍。

3. 实践性强。本书并不是空洞地讲解教练的概念和理论，而是该校教练团队几十年针对数十万教练学员和众多教练项目等工作的萃取和总结。书中每一个案例都好像是在自己身边发生的，都仿佛是自己、朋友或同事的缩影；每一章最后还有"深化学习"模块，包含学习要点、反思与应用练习，以及对话指导。这就为读者用教练解决实际生活和工作中的具体问题提供了样本和指南，便于上手，简单易行。

4. 受众面广。本书不仅适合教练专业人士（高管、职业、人生、团队和同侪教练）阅读，而且不同类型的读者，即任何想要帮助他人的人都能从本书中获益，如作者列出的管理者和领导者、导师、咨询师、治疗师、教师、父母、医生、护士、体育教练、职场人士和社会工作者，等等。书中的案例情境涉及企业管理、职业发展、家庭关系、学生教育、医疗健康、生命信仰等，颇具多样性，这样就极大地扩展了教练的应用空间和范围。

5. 易读易懂。本书每个章节都会从某个人的故事开始，然后从这个人做出改变的故事中介绍相关的教练知识，并提出和介绍解决问题或困惑的科学方法和工具。这种寓教于乐和情境式的写作方式让阅读本书成为一种乐趣。

另外，我对国内教练行业发展还有一个很大的期待。据统计，国外已经有上百家高校开办了教练课程，不少学校还可以授予教练专业的博士、硕士学位，校企之间教练方面的研究和合作非常普遍，成果颇丰。而教练在国内商业应用方面虽然已经风起云涌，但在高校中还基本上未掀起风浪。我组织翻译众多国际教练名著，尤其力荐本书出版，目的之一就是希望大家了解国外高校在教练方面的成果，弥补本土高校在教练研究和实践上的不足和缺憾，把国内教练的发展提升到国际先进水平。

本书译者之一黄晗毕业于世界名校多伦多大学，在国外生活工作过 8 年，大四时就在加拿大埃里克森学院本部完成了专业教练的学习，回国后又一直在我们教练中心负责国际交流和新媒体工作。译者之二胡玥毕业于专业排名国内第一的北京师范大学心理学部，研究生毕业后一直从事图书出版与国际版权工作。这两位年轻人有良好的文字功底，翻译准确、简洁、流畅，较好地传递了国际教练大师的神韵。我也非常期待国内的年轻人能早日阅读本书，学习并成为教练，开创美好人生，建设幸福中国！

请各位读者翻开本书，让国际大师引领你走上一段追求、传递成功与快乐的奇妙教练旅程吧！相信你一定会开卷有益，收获颇丰。

黄学焦

加瓦教练中心创始人

加瓦教练模型及体系的创立者

国际教练联合会北京分会前会长

20 本教练译著的组织者和翻译者

著有《卖故事：让你的产品和身价高卖 10 倍的秘密》

《唤醒：提升员工和团队动力与绩效的教练指南》

2023 年 7 月于北京

目录

1967 年，本书作者理查德·博亚特兹博士在他的老师大卫·科尔布（David A. Kolb）教授的帮助下，找到了属于自己的道路。科尔布教授将他从航空航天领域带到心理学领域，启发了他，促使他从 1967 年开始进行了一系列关于帮助他人的研究，而这些研究的影响一直持续至今。

当面临改变时，我们每个人都需要帮助。本书及其背后的研究正始于 1967 年春天理查德博士的第一个关于帮助他人的实证研究。

帮助他人找到真正的愿景，激发积极的情绪，人们便能够重拾对生活最深刻的热忱，自发地实现内心渴望的改变。

第 1 章

助人之心
如何真正帮助他人学习和成长

在缝合上最后一针后，格雷格·拉金（Greg Lakin）向手术室里的医护人员表达了感谢，他们再一次出色地完成了这项工作。他摘下外科口罩，为手术进展顺利感到高兴。然而，此时他突然意识到，作为一名整形外科医生，曾经能够在工作中体验到的那种快乐已不复存在了。他很困惑：**我是从什么时候开始，又是如何失去那种兴奋感的？**

他决定向一位教练寻求帮助。格雷格从小就成绩优异，并在成为外科医生的职业道路上取得了一次又一次的成功。刚开始与教练交流时，他分享道：这种对成功的渴望，一部分是被他这种需要不断证明自己的感觉所推动。然而，在这个过程中，格雷格失去了真正的热忱和人生理想。例如，他想拥有更平衡的生活状态，有时间旅行和重新开始跑步；他还希望能够回到南佛罗里达州，那是他长大的地方，这样就可以与家人和儿时的朋友们更亲近一些。然而，目前的职业需要他每周工作七八十个小时，他几乎没有时间去做自己关心的其他事情。

考虑到这些情况，格雷格的教练让他花时间反思和明晰自己的愿景，并尝试将他内心的渴望从现实生活的"**应该**"和"**必须**"中分离出来。当他这样做时，就像点亮了心中的一盏灯，格雷格发现了自己真正的需求，体会到了这种清晰感所带来的正能量和动力。在与教练的密切合作下，格雷格开始以他几个月前根本无法想象的方式改变着自己的生活状态。

我们将在第 2 章深入探讨格雷格的故事，但总的来说，他的生活，无论是个人层面还是职业生涯，都以非常有意义的方式向更好的方向发展。

如何真正帮助他人

正因为格雷格决定充分探索其**个人愿景**并展开积极的追求，他最终在工作和生活中实现了自己所期望的平衡，与家人和朋友保持亲密的关系，并且重新找到了生活的乐趣。我们的研究表明，在教练他人时，挖掘和明晰个人愿景是至关重要的。与仅仅解决眼前的问题，或只是试图帮助他人完成一系列目标，又或者达到某些特定的标准相比，发现一个人的希望和梦想所在是帮助他释放积极情绪和内在动机的关键，并且能够推动这个人实现真正且持久的改变。

但是，并非只有教练才能引导他人实现内心的愿望。环顾四周，你会看到很多帮助他人学习或改变的例子。事实上，当被问及生命中对自己影响最大的人时，很多人首先想到的是他们的父母、体育教练或老师——也许是像凯尔·施瓦茨（Kyle Schwartz）这样的老师。

当凯尔开始教三年级的学生时，她觉察到除了学生的入学数据表或标准化考试成绩之外，她还需要了解更多关于他们的信息。为了成为一名真正有效的教师，她决定必须以某种方式了解学生在想什么——对他们来说什么才是重要的。[1] 于是，她让学生续写这样的句子："我希望我的老师知道……"

以下是凯尔了解到的：

"我希望老师知道我的阅读日志之所以没有家长签字，是因为妈妈不常陪伴在我身边。"

"我希望老师知道我喜欢动物，而且我愿意为动物做任何事情。我很想在麻省动物关爱协会及安格尔动物医疗中心（MSPCA）工作，这样我就可以帮助小动物们找到领养者了。"

"我希望老师知道，我和我的家人生活在一个收容所里。"[2]

类似这样的回答还有很多很多，每一个回答都比上一个更感人、更发人深省。可以说，学生们的话语激发了凯尔的同情心。而更重要的是，他们给了凯尔作为老师所需要的信息，有助于她更好地帮助学生。现在，她知道了对于孩子们来说什么最重要，而这与三年级标准的日常教学计划几乎没有什么关联。

凯尔向学生提出的问题在推特上迅速传播开来，并且进入了世界各地的小学课堂。显然，人们渴望找到理解和帮助他人的有效方式。她的问题很简单，但经常被想要助人为乐的人们所忽略。作为教师、管理者、同事、家长和各种类型的教练，我们越来越专注于自己的任务和议程，而忘记了问这样一些基本的、揭示性的问题——它能够带给我们一些关于自己想要帮助的人的重要信息。或许，我们之所以不问这样的问题，是因为我们害怕对方的回答会引出什么样的问题和情绪。有时，忽视或否认它们，封闭我们对他人的认知和觉察，对于我们来说或许更容易。于是我们仍旧我行我素，按照日程安排或课程计划执行，却不关心人们真正的需求和愿望。

然而，正如格雷格·拉金的故事所表明的那样，那些"干扰"——人们的伤痛和不幸、人们的梦想和最由衷的愿望，仍然存在。它们依然在最深的层次上影响着我们的学生、客户、患者、下属、同伴和孩子，即真正的学习和改变发生的层次。在回答凯尔·施瓦茨的问题时，班里的学生不仅告诉了她困扰他们的问题，还有他们的个人抱负和愿景。

正如我们看到的，凯尔就是这样为那些孩子挖掘成长和转变的可能性的。她没有把注意力放在作为老师的自己身上和需要教给三年级学生的知识上，而是把重点放在学生，即那些学习者身上。这使她能够与学生以及在学生之间建立更好、更有意义的关系，并且组建一个以相互倾听和关心为共同目标的社群。

我们刚刚分享的两个故事的背景并不相同，但都是关于帮助他人学习、成长和改变的，这正是本书的重点。事实上，**每个人都需要帮助，无论是三年级的孩子，还是职业生涯陷入瓶颈期的外科医生，当我们需要在生活和工作中做出重要改变和学习新事物时，都需要一些帮助。**

本书将告诉你如何更有效地帮助他人。需要注意的是，尽管我们作为作者、研究者和教育工作者更多关注于教练从业者（高管、职业、人生、团队和同侪教练），但是，我们希望本书能面向更多不同类型的读者。也就是说，任何想要帮助他人的人——管理者、导师、咨询师、治疗师、牧师、教师、父母、体育教练、同事、朋友，都能从本书中获得重要的指导，其中包括一些培养助人技能的实用练习。

具体来说，我们将在本书中详述我们的研究成果，揭示怎样才能够最深刻、最持久地帮助他人。正如格雷格·拉金和凯尔·施瓦茨所认识到的那样，帮助他人学习、成长和改变的最佳方式就是帮助他们更接近理想自我——他们的梦想和对理想未来的憧憬。

每个人都需要帮助，当我们需要在生活和工作中做出重要改变和学习新事物时，都需要一些帮助。

同理心教练

本书基于这样一个前提：在有效地完成教练或其他各种帮助行动后，求助者会产生以下三个具体的变化。首先，他们会发现或重拾个人愿景，包括梦想、爱好、目标和价值观，并使其更加明晰；其次，他们会在行为、思想和感觉上发生改变，这能使他们更接近于实现自己的个人愿景；最后，他们会与教练或助人者建立或维持一种我们所说的**共鸣关系**，在理想情况下，也会与其他生活中支持他们的人建立这种关系。

但是，我们如何才能做到呢？我们如何才能从只拥有帮助他人的美好意愿，到真正实现上述提到的三种变化的承诺呢？这并非总是一个直观或明显的过程。当我们尝试帮助他人时，通常会把关注点放在纠正问题上。毕竟，我们往往更有经验，能够看到一个人应该怎么做才能过上更好的生活、更有成效，或学到更多。我们知道什么对他人有益，或者我们会把自己代入当事人或场景之中，把自己曾经做过的或可能会做的事情投射到对方身上。有时，人们会向我们寻求问题的解决办法。所以作为助人者，我们听到了这些人希望缓解症状的诉求，就会针对这方面与他们一起做些事情，但这远远不能满足他们内心深处的愿望和需求。

这是错误的。在我们尝试教练求助者时，大多数人都会自然而然地采取以问题为中心的方法，关注他们的现状和我们认为他们应该达到的水平之间的差距。我们会试图去解决这些问题，但这并不能很好地促进持续的学习、改变或适应（如果有的话）。这种方法有时会带来行为上的快速纠正，但人们的这种反应往往是出于一种责任感，而缺乏真正实现他们期望的改变所需的内在动力；这种方法还可能让人们觉得有必要做些什么，即便这不是一个可持续的解决方案。这就是关键所在：这种努力是可持续的吗？它会持久吗？这个人是否具有持续进行改变或学习所需的坚定承诺？

当然，有时人们会面临一些必须要解决的严重问题。但我们的研究表明，当面临的是一个需要弥合的差距或不足时，人们往往会缺乏持续改变所需的能量和动力；反之，当面对一个长期的梦想或愿景时，人们会从这个愿景中汲取能量，并能够努力进行持续的改变，即使在困难时期也是如此。

当教练或其他类型的助人者能够创造这样的情境时，我们称之为**"同理心教练"**（coaching with compassion），也就是说，以真正的关心和关怀来教练他人，把注意力放在他人身上，提供支持和鼓励，并促进对方发现和追求个人的梦想与挚爱。凯尔·施瓦茨就是这么做的，她主动联系学生并询问他们想告诉她什么。在本书中，我们将用这种方法与我们称为**"服从式教练"**（coaching for compliance）的方式进行对比，后者不是帮助人们明晰和实现期望的未来，而是试图引导人们朝着某些由外部定义的目标迈进。如今，从运动训练、教育教学、养育子女到医患关系，服从式教练已成为许多助人行为的默认方法。这种情况在企业培训中尤其明显，特别是在高管教练中，其聘请教练的目的就是来指导高管或员工达到组织内部设定的成功标准。

在某些情况下，服从式教练可以有效地帮助人们实现一个非常具体的、提前设定的目标，比如晋升到某个职位。但我们的研究表明，这样的教练很少能促进个人持续性的变化，也无法鼓励他们为发挥自己全部的潜力而努力，更不用说实现它了。而同理心教练恰恰能做到这一点，它帮助人们发现自己最希望在生活中成长和改变的方式，并为他们实现和维持这些变化提供路径和支持。我们的一个学生是这样说的："所有那些对我生命十分重要的人都播下了灵感和思想的种子，然后让我自由地朝着最适合我的方向发展，同时一直鼓励和支持我的选择。"

我们认为，这就是优秀的教练所应当做的。优秀的教练和最好的教师、管理者、同事和朋友，会与我们进行有启发性的对话，让我们想要以有意义的方式成长、发展和改变，并帮助我们做到这一点。他们帮助我们追求个人愿景，而不仅仅是尽职尽责地履行生活中的**"应该"**和**"必须"**。

研究：为什么同理心教练有效

我们的研究表明，**要想让改变持续发生，人必须是有意愿的、内在驱动的，而不是受外界驱动的**。这就是为什么同理心教练要从帮助人们明晰其**理想自我**或个人愿景开始。正如格雷格·拉金在意识到自己想要一种更平衡的生活状态，与家人和老朋友保持联系时所做的那样。这使格雷格在心理上和情感上都处于我们所说的**积极情绪吸引因子**（positive emotional attractor，PEA）中，让他敞开心扉来迎接各种可能性和变化所带来的兴奋感。在接下来的章节中，我们将把 PEA 与消极情绪吸引因子（negative emotional attractor，NEA）（通常由"应该"或"外部指令"触发）进行对比，并展示前者如何促进持久性的变化，而后者如何抑制这个过程。

尽管如此，PEA 和 NEA 都是成长所需要的，只是要掌握好正确的"剂量"和顺序，才能有效地发挥作用而不是产生抑制效果。在本书第 3 章中，我们将解释在**意向改变理论**（intentional change theory，ICT）的指导下，PEA 作为一个临界点，是如何帮助人们在重要的成长过程中从一个阶段迈向另一阶段的。我们还将分享研究中的许多其要想让改变维持发生，人必须是有意愿的、内在驱动的，而不是从外部强加的。

他发现，讨论教练过程为什么始终应当从一个人的个人愿景出发，以及教练过程本身所需要的整体性，包括将人的生活视作一个整体，而不仅仅是几个独立的方面。

重要提示：我们认为，为了帮助他人，教练或其他任何人必须首先感受到鼓舞。如果不能认识到自己的动机和感受，我们几乎很难真正地与他人建立有益的联结。也就是说，教练——无论是教师、家长、医生、护士、牧师或专业的高管教练，都应当了解自己的情绪并设立个人愿景。这是助人者与被帮助者或被教练者之间建立真实关系的基础。因此，我们希望本书中的练习不仅能帮助被教练者，也同样适用于教练本身。

我们撰写的所有内容都是基于过去 50 年来由个人和团队所开展的深入研究。这也是本书区别于许多其他助人、管理、领导或教练类书籍的根本所在：它是基于证据的。这项研究始于 1967 年，主要是针对成年人之间是否以及如何帮助彼此成长的，我们在世界各地的公司、政府机构、非营利组织、研究生院和医院中完成了从管理到成瘾等领域的行为改变的纵向研究（即追踪人们的行为随着时间的推移而产生的变化）。在这项研究之后，我们又开展了将近 20 年的激素和神经影像学研究。我们将引用自己以及我们的博士生和同事们完成的研究结果。此外，我们每个人都是教练和教育工作者，所以我们的故事都来自我们个人的和进行专业教练的经历。

作为研究者和作者，我们三人在凯斯西储大学密切地合作，并在魏德海管理学院（Weatherhead School of Management）中共同教授教练认证课程。此外，我们还共同发起了多项教练计划。教练研究实验室（Coaching Research Lab，CRL）成立于 2014 年，汇集了众多学者和从业者来推进教练研究。我们的大型开放式在线课程（MOOC，即慕课）"激励的对话：对学习、领导力和改变进行教练"（Conversations That Inspire：Coaching Learning，Leadership，and Change）于 2015 年启动，该课程侧重基于同理心的教练方法，已经吸引了超过 14 万名学员。此前一门通过情商激发领导力的慕课，介绍了许多上述理念，吸引了来自超过 215 个国家的 80 多万名参与者。

我们的研究清楚地说明了一点——具体来说，在行为学、激素和神经影像学方面的研究显示，围绕他人的梦想和愿景进行教练（同理心教练），与围绕某些外部定义的目标进行教练（服从式教练）相比，会产生不同的影响。而且，我们已经在自己的学员身上看到了同理心教练是多么有效。正如其他人所观察到的那样，对于选择通过提升能力来为实现个人愿景提供支持的那些学生来说，这样的教练方式与为期四个月的领导力发展课程相结合，使他们在情绪和社交智力方面获得了显著的改善。总之，这些都为如何有效地教练和帮助他人实现持续的、期望的变化提供了一个坚实的、科学的基础。

本书导读

在阅读本书的过程中，你需要深入研究本章中所提及的每一个主题，并且在学习过程中积累洞察力和实践技能，以帮助你在大多数情况下能够以最有效的方式教练或帮助他人。在本书中，我们强调了具体的学习点（**学习要点**）、相关的研究（**研究重点**），并在尾注中提供了参考文献和更多详细信息。对于实操型读者，我们在大多数章节的末尾提供了具体的、经过时间检验的练习（**反思与应用练习**）。我们希望促进反思并将其作为一种主动的、情感上的学习方式，而不仅仅是对知识的习得。我们还在大多数章节的末尾提供了对话指导，其中包括与主题相关的问题，供你与朋友和同事们一起思考。本书的好处，一部分就来自对这些思想和技术的个人反思，以及与他人谈论这些反思和体验（正如我们的神经影像学研究所显示的那样）。与他人讨论，能让想法以一种更容易理解的方式变得生动起来，而对话指导就是实现这一目标的有效途径。虽然我们希望本书的写作方式能够让你享受从头到尾阅读的体验，但是你也可以将它作为一份参考指南，直接阅读某些章节或关键的学习要点、练习以及其他突出强调的内容。

简而言之，本书的内容概述如下：

第 2 章探讨了教练的用途和定义，以及其他人们互相帮助的方式。正如我们提供的真实教练案例所示，任何这样的帮助过程的核心在于从被帮助者和助人者的关系中产生的一系列体验。

第 3 章更深入地探讨了如何进行同理心教练，而不是服从式教练。我们的方法是首先认识到，当人们想改变时，他们才能改变。然后，我们将把意向改变理论中的五个探索阶段作为产生持续而期望变化的模型。

第 4 章讨论了我们从最新脑科学研究中了解到的，能够使我们更长时间地帮助他人的内容。具体来说，我们重点讨论了如何在我们的大脑中唤起积极和消极情绪吸引因子（分别为 PEA 和 NEA），来创造一个更乐于接受、更有动力的情绪状态。

第 5 章更深入地探讨了关于 PEA 和 NEA 的科学研究，说明了虽然我们需要消极情绪吸引因子才能生存，但积极情绪吸引因子能够让人们成长与绽放。我们讨论了如何有效地唤起积极情绪，如何在积极和消极情绪之间建立适当的平衡，从而助力持续性的成长和变化。

第 6 章深入探讨了个人愿景。我们的研究表明，发现和发展这样的愿景是在神经学上和情感上最能唤起积极情绪吸引因子的方式。一个人的愿景是他对可能未来的想象，它既不是目标，也不是战略，更不是对可能发生事情的预测，它就是一个梦想！

第 7 章重点讨论了如何建立共鸣关系，如何学会在向彼此提出正确的问题的同时倾听对方的答案，以唤起学习和改变。恰当的提问方式和时机都能激活积极情绪吸引因子和促进改变，错过关键时刻或弄错问题的顺序，可能会把一场激励性的谈话变成引发内疚的拷问。

第 8 章探讨了组织如何通过改变公司氛围来培养教练文化，例如：①鼓励同侪教练；②使用内部和外部的专业教练；③培养管理者成为其部门以及其他方面的教练。

第 9 章举例说明了当一个人准备好接受帮助时，如何更好地利用这个时刻，我们称之为**教练时刻**。我们还为创造一个促进反思和开放的安全空间提供了实践指南。这一章也探讨了一些典型的"棘手"情况，并展示了如何运用同理心教练的技巧为他人提供帮助。

最后，在**第 10 章**中，我们用一段鼓舞人心的呼吁作为本书的结尾，让你回到在**第 2 章**中首次提到的练习中，在那里我们曾让你反思是谁帮助你成为现在的自己。在阅读完本书并且学到了帮助他人的方法后，我们会问："你将会出现在谁的名单上呢？"毕竟，在他人追求梦想的过程中与之保持连接，可能是他人生命中最伟大、最持久的礼物，也是我们的财富！

希望的信息

通过本书，我们传达了希望的信息。尽管有时听上去似乎违反直觉，但以持续性的方式吸引和激励人们学习和改变并不困难。我们将讨论在人们解决具体问题的过程中，应该如何激励他们在自己的梦想和个人愿景的引导下探索新的想法。我们将探讨教练和助人者如何有效地帮助他人在生活中实现持续的、期望的改变。我们不仅研究能有效教练和提供帮助的方法，还将探讨它应当怎样付诸实践。更重要的是，从教练和被教练者双方的角度，探讨处在有意义的教练关系中是一种什么样的感觉。这就是为什么我们在本书中使用**"教练"**这个词作为一种方法、一种存在的方式，而不是一个人拥有的头衔或充当的角色。

我们相信，本书的理念和实践将有助于改变教练、领导者、管理者、咨询师、治疗师、教师、家长、牧师、医生、护士、牙医、社会工作者以及其他各类人员与他们的客户、患者或学生的对话方式。更重要的是，我们希望促进更多关于教练和助人方面的研究。我们希望鼓励数以百计的教练和管理者培训项目、医疗和护理教育项目，以及其他任何旨在帮助助人行业人士提升的项目进行适当的调整或修改，用不同的方式来激励学习和改变。

最重要的是，在这个时代，我们生活中的许多领域的对话都出现了两极化的态势——我们希望能够培养人们怀着同理心倾听他人的能力；我们希望人们能够保持开放的心态，相互学习；我们希望能够帮助人们开阔视野，对新思想持开放的态度。通过关注他人并真正地提供帮助，我们可以为我们的家庭、团队、组织和社区创设一个更美好的未来。通过本书，我们提供了一种方法来挖掘人们学习和改变的意愿，来激励自己和他人，以更富有同理心的方式领导他人。

那么，让我们开始吧……

第 2 章

鼓舞人心的对话
发现什么是最重要的

埃米莉·辛克莱（Emily Sinclair）出生在一个优秀的足球运动员家庭，是三姐妹中最小的一个。她的妈妈和两个姐姐都在高中和大学里踢过足球，追随着她们的脚步，埃米莉也作为一名出色的足球队员开启了她的高中生活。然而，教练很快就注意到，尽管埃米莉的球技高超，却并没有表现出他执教多年以来在其他明星球员身上看到的那种对足球的热爱。他还注意到埃米莉的另一个表现：当她在场上来回奔跑时，步伐非同寻常地优雅。而且让他惊讶的是，其他女孩在训练中非常畏惧的跑步练习，埃米莉却非常喜欢。

一天，教练在训练结束后把埃米莉叫了过来，凭着直觉问道："埃米莉，你为什么会来踢足球？"

她有些困惑地回答道："因为我们家每个人都踢足球，也因为我真的很擅长做这件事。"

然后教练问："但是，你喜欢足球吗？"当她开始思考这个问题时，教练似乎可以看到她脑袋里的齿轮在快速地转动。

随后，她摇了摇头，神情有些沮丧。"不，我不喜欢，"她回答说，"小时候踢足球真的很有趣，但现在我却觉得这是我不得不做的事情。每个人都希望我像妈妈和姐姐们一样。我也不想让他们失望。"

就在那一刻，作为埃米莉的教练，他意识到自己的重要工作才刚刚开始。他没有继续敦促她成为一名足球运动员，而是去询问她真正的兴趣所在。当得知埃米莉热爱跑步时，他并不感到惊讶。埃米莉说，跑步对她来说毫不费力。而且在长跑时，她感到轻松自在，感到摆脱了生活中所有的烦恼和忧虑。在与埃米莉又交谈了几次，以及与她的家人进行了一次比较艰难的讨论之后，教练和她的家人同意埃米莉离开足球队，在春季学期转去参加田径比赛。大三的时候，埃米莉已经成了女子越野队中的第一名；大四的时候，她带领队伍进入了州决赛。

虽然失去了一名优秀的球员，但教练知道，他遵循自己对埃米莉最初的直觉感受是一个正确的决定。在这个过程中，他帮助埃米莉找到了真正的激情所在。

这是优秀的教练应当做的，也是那些优秀的管理者和优秀的教师，还有那些知道应该如何帮助人们找到并从事热爱的事业的人所做的。他们让我们参与到鼓舞人心的对话中，促使我们产生成长和改变的意愿，并帮助我们去这样做。

在这一章中，我们将探讨如何通过激励他人的成长和改变来帮助他们。我们称之为**"同理心教练"**。它的目标是什么？是在教练和被教练者之间建立一种**共鸣关系**，这对于创造持续性的变化至关重要。另外，我们作为希望能帮助他人的人，会在本章和全书中持续邀请你去了解你自己、你的情绪和动力。因为这是每个人在尝试帮助他人改变之前都需要采取的关键步骤。我们在本章中提供了一个练习来帮助你开启这个过程。

首先，让我们解释一下**"教练"**的含义。

什么是教练

在本书中，我们所讨论的"教练"既指一种职业（高管教练等），也指我们日常生活的一部分，以及我们作为管理者、教师、医生、牧师、父母、朋友的职责。与大多数人一样，我们对教练的定义是"一种引导或帮助的关系，其目的是实现某种类型的学习、改变，或者将个人或组织绩效提升到新水平"。[1]国际教练联合会（ICF）提供了另一种实用的定义："教练是与个人或团体合作，在一个富有启发性和创造性的过程中，激励他们最大限度地发挥个人和职业的潜力。"[2]

与可能持续数十年的辅导（mentoring）不同，教练通常用时更短，更聚焦在某项重点上。我们在本书中主要关注的是一个明确的二元教练过程，也就是说教练和被教练者之间达成了一种正式或非正式的共识，即他们正在共同参与一个发展变化的过程。有时，教练会发生在预定好的教练约谈中，但也可能会在往返会议的途中、午餐时或其他并不太正式的场合中进行。请注意，尽管在世界范围内，实际使用"教练"这个称谓的专业人士的数量正在以惊人的速度增长，但我们所使用的"教练"一词也可能指代正式或非正式的顾问、老板或同事。[3]

教练的对话

从本质上讲，教练在帮助他人以某种方式改变、学习或成长时最有效。教练能够帮助人们厘清生活中的可能性和自己的渴望，然后帮助他们探索如何实现它们。

和埃米莉·辛克莱一样，我们大多数人的生活中都曾遇到过这样的人，他们和我们谈论我们的未来，或者以其他积极的方式影响着我们。在我们的研究生课程、高管培训项目以及"激励人心的对话"大规模在线开放课程（MOOC）中，我们请参与者回忆在他们的生活中对自己帮助最大的人。有人提到了失明的继祖父，他无条件地爱着她，并逐渐培养了她对学习的兴趣；另一个人则表示是一个朋友让他感到自己被接纳——不管他在为什么问题而苦恼，或者想到什么样不着边际的目标，他知道自己一定不会被评判，而是会得到朋友的鼓励和全力的支持。

许多参与者还提到了那些积极倾听他们的人。他们谈到教练或其他那些会问反思性问题的人会帮助他们对自己的思维过程进行分析和更深入的探寻，还谈到那些通过关心、关注和洞察力，帮助他们缓解困惑情绪的人。一般情况下，这些助人者会引导他们制订一个切实可行的行动计划，同时以恰到好处的方式让他们感到被理解和支持。

其他参与课程、培训项目和 MOOC 的管理者也描述了那些激励和鼓舞他们追求梦想并最终促使他们取得超出预期成就的人。他们提到，那些帮助他们成长的人会引导他们专注于自己的优势，并逐步培养他们的自信心和能力。他们还提到那些敢于提供诚实反馈的人，即便这些意见可能并不好听。这种情况下的反馈（如果有效的话）其实是带着善意和同理心的，目的是鼓励他们，而不是摧毁他们。（更多来自 MOOC 参与者的具体语录，请参阅"对我帮助最大的人"一栏。）从这些陈述中，我们可以看出一些相关联的特点。

对我帮助最大的人

对我成长帮助最大的那些人相信我的潜力，激发了我的创造力和求知欲。他们向我提出了挑战，而当我接受挑战时，其结果甚至让我自己都感到惊讶。他们的另一种常见的行为模式是会真诚地关心我的健康，并在情感上支持我的成功。

——斯坦利（Stanley，加拿大）

他们不仅会看到才华，还会悉心培养它。他们能够帮助你发挥出最好的状态，让你能够绽放自我。当我感到自己的"火花"被认可时，一种前所未有的被肯定的感觉也随之而来。

——安杰拉（Angela，美国）

　　我人生中所有那些重要的人，都为我播下了灵感和创意的种子，然后让我自由地朝着最适合自己的方向前进，同时一直鼓励和支持我的选择。这给了我巨大的信心。

——贝弗利（Beverly，美国）

　　他们很珍视我，在我身上看到了我未曾注意到的闪光点，从而让我的思维焕然一新，看到了新的机遇和可能性，随之而来的还有庞大的能量，推动着新变化的产生。如果没有这些体验，我永远不会追求新的变化。

——阿尔琼（Arjun，印度）

　　这些人相信我，不评判我，而且有同理心。他们会毫不掩饰地告诉我一些我不愿意听的事情，但过程中我总能感受到尊重。另一种常见的模式是：他们不会把自己的意见强加给我。相反，他们会鼓励我去寻找自己需要的答案。

——夸贝纳（Kwabena，加纳）

　　我认为，所有这些人都清晰地体现出一个最重要的模式，即他们会激励我去做一些事情，而不仅仅是告诉我应该做些什么。

——马尔科姆（Malcolm，英国）

　　能影响他人的人通常能够：①作为激发灵感的来源；②表现出真诚的关心和关注；③提供支持和鼓励；④推动他们正在教练或帮助的人去探索和追求梦想和激情。把这些行为汇总起来，指的就是我们所说的**同理心教练**，这个概念在第 1 章有所提及，并将在第 3 章进行更详细的探讨。我们将这种方法与所谓的**服从式教练**进行比较。后者试图推动人们朝着某些外部定义的目标前进（而不是帮助他们厘清并实现他们所期望的未来）。虽然服从式教练很常见，但很少能给被教练者带来持续的改变，也很少能够促使他们去努力开发潜能，更不用说完全发挥潜能了。而同理心教练就能做到这一点。它能帮助人们发现自己最希望在生活中成长和改变的方式，并为他们提供流程和及时的支持来实现和维持这些改变。

通过对凯斯西储大学的工商管理硕士（MBA）学生和专业研究员进行的一项纵向研究，我们取得了一些证据来证明同理心教练的有效性。在为期一个学期的领导力发展课程中，研究生们被安排与一位接受过同理心教练培训的教练进行对话，这是课程关键的组成部分。他们发现，为了支持实现个人愿景，他们选择提升的情绪与社会智力（即在他人眼中的行为表现）的确有了显著的提高。（有关这些研究的更多细节，请参阅下文的"研究重点"。）[4]具体而言，在这种情况下，同理心教练指的是帮助人们建立具有吸引力的个人愿景，通过 360 度反馈和其他不同来源的反馈来评估自己，制订学习计划，并以同侪教练的方式来实践新的行为方式（在接下来的章节中将会有更多这方面的详细内容）。

研究重点

理查德·博亚特兹与许多同事合作，在多年间开展了39 项纵向研究，这些研究结果发表在 16 篇经同行评议的文章和书的章节中。[5]这些研究对一门基于同理心教练和意向改变理论（我们将在第 3 章中详细探讨）的研究生课程进行了跟踪调查。研究结果表明，情绪与社会智力（ESI）在成人（25～35 岁的 MBA 学员和平均年龄为 49 岁的专业研究员）阶段能够得到显著提升，而且这种提升可以持续 5～7 年。具体的研究结果显示，全日制学员在进入 MBA 项目后的 1～2 年时间内，情绪与社会智力水平提高了 61%；非全日制 MBA 学员在参加课程 3～5 年后的进步幅度略低，但也提高了 54%。其中两组非全日制 MBA 学员在毕业两年后，也就是进入该项目并参加课程 5～7 年之后，仍保持着 54% 的持续性提升。与此形成鲜明对比的是，8 个高于平均水准的 MBA 项目的研究结果显示，学员的情绪与社会智力在 1～2 年时间里只提高了 2%（我们估计这一数据随着时间的推移还会下降）；企业和政府培训项目的研究结果显示，参加者在培训后的 3～18 个月内只提高了 11%（我们仍然推断这一数据将会随着时间的推移而大幅下降）。[6]

重拾快乐

回想一下第 1 章中整形外科医生格雷格·拉金的故事。当意识到自己不开心时，他向一位教练寻求帮助，而这位教练在他的成长和改变过程中提供了无条件的支持。在生活中，我们很多人都有过这样的经历：感到与真实的自己脱节了。格雷格就在这样的一个时刻转去寻求帮助，而给他提供帮助的，就是来自一个大型领导力发展项目中的一位教练。

这并非一件易事。毕竟格雷格一直追求的是事业上的成功，他在很年轻的时候就已经在俄亥俄州克利夫兰大学医院的彩虹婴儿和儿童医院担任整形修复外科主任、颅面中心主任。当格雷格开始与教练进行对话时，他意识到这些成就都遵循着一个从童年就开始的轨迹，那就是对成功永不满足的渴望。他不仅就读于一所顶尖的国家级常青藤联盟预备学校，学习期间在三个运动项目上都是优秀的校队运动员，而且在学业上也是公认的尖子生之一。随后在杜克大学（Duke University）读本科，然后到国外的医学院深造，之后成为整形外科住院实习医生，并最终获得宾夕法尼亚大学（University of Pennsylvania）颅面研究和加州大学洛杉矶分校（UCLA）颅面外科的奖学金，这一路上，他对成功的追求从未停止。

然而，成就带给格雷格的喜悦早已消失。通过与教练的深入交谈，他开始探索自己内心最深处的人生梦想和愿景。他渐渐明白，在专注于追求"成功"的过程中，他忽略了自己真正的激情和人生理想——比如跑步，比如生活在他长大的地方（南佛罗里达），能够与家人和朋友们更亲近。现在的他每周工作70～80个小时，怎么可能会有时间去追求这些事情呢？

教练要求格雷格花一些时间思考，进一步厘清和探索个人愿景的各个方面，并尝试着把自己的需求和真正的渴望与生活中的**"应该"**和**"必须"**区分开。很快地，格雷格感到逐渐清晰了起来，自己的正能量和动力也逐渐恢复过来。随后，他得知在家乡佛罗里达州劳德代尔堡（Fort Lauderdale）有一家提供全方位皮肤科和整形外科服务的诊所，正好希望增聘一名整形外科医生。尽管格雷格从未考虑过换一份新工作，但他很快就意识到这正是自己理想的职位。一段时间过后，他加入了这家成功的诊所，也让自己能够回到家乡，与家人和儿时的好朋友团聚。现在，格雷格不需要再像之前那样每周必须工作70～80个小时，而是每周只做一天手术，薪酬还得到了大幅增加。

最终，格雷格得到了他所寻求的平衡。这不是一夜之间发生的，但仍然比他想象中更快，而且也更令人满意。在和教练分享的时候，他说："我一定是在做梦。我在美丽的家乡劳德代尔堡得到了一份理想中的工作。时间更短，收入却更高。还有什么比这更好的呢？"

共鸣和教练关系

如果格雷格的教练专注于让他遵守一些外部标准，可能就会把他的思路引向寻找更高效的工作方式以减少工作时间，或者可能会和他一起研究如何更好地为他在医院的下一次晋升做好准备。幸运的是，格雷格的教练懂得同理心教练的方法，并帮助他发现和迈向了**理想自我**——他内心深处的期望和梦想。在这一过程中，他们两人建立了一种**共鸣关系**——基于积极情绪和真心联结的关系。这种关系最终促使格雷格完成全面而持续性的改变，而不是专注于解决某个特定的问题。

通过帮助人们发现和追求自己的梦想，真正有效的教练和其他助人者能够与被教练者建立并保持一种共鸣关系。这种关系的特点是：①总体上是一种积极的情绪基调；②与被教练者建立真诚、真实的联结。这种关系会产生一种流动感，让教练与他打算帮助的人步调一致。

在理查德·博亚特兹和安妮·麦基（Annie McKee）于 2005 年出版的《共鸣领导力》（*Resonant Leadership*）一书中，他们将上述两个要素视作**通往恢复的路径**并进行了探讨。他们认为，领导者体验到正念、希望和同理心有助于其从担任领导的长期压力中恢复过来。事实证明，这些通往恢复的路径也同样适用于创建具有吸引力的教练关系。当教练和被教练者建立起这种共鸣关系时，由于情绪波长逐渐趋同，他们会变得协调一致。正念、希望和同理心所带来的降低压力和提升生活质量方面的益处，会以一种共生的方式在两个人之间不间断地流动。克莱尔·斯科特·米勒（Claire Scott Miller）和尼尔·汤普森（Neil Thompson）的情况就是如此。

有意义的联结的力量

就在克莱尔乘坐的飞机即将在伦敦希思罗机场（Heathrow Airport）降落时，她感到一种迫不及待的兴奋感。不久后，她将和一位高管第一次见面，在过去的三年里，他们已经通过电话建立了良好的教练关系。

刚开始教练的时候，尼尔是一家总部位于苏格兰的全球领先企业的战略商务拓展总监，该公司致力于为石油、天然气、可再生能源、原始设备制造商、海洋和国防等行业和产业提供集成流体输送、电力和控制权的解决方案。雇用克莱尔是为了帮助尼尔进入高管层。从一开始，她就格外注意建立一种有意义的联结。这不仅需要理解尼尔的职业目标和目的，还需要探索他在工作之外对家庭、生活的梦想和渴望。经过克莱尔的教练并获得积极效果后，尼尔在初次教练合约到期时续约了一年，第二年再次续约。当尼尔被提拔为首席商务官时，克莱尔已经成了他值得信赖的支持者，帮助他不断追求个人和职业理想。现在，由于已经建立了良好的关系，克莱尔打算见见尼尔。赴伦敦探亲后，她和丈夫前往爱丁堡，参加爱丁堡国际艺术节和皇家军乐节。而那一周，尼尔正在格拉斯哥（Glasgow）度假，但他还是抽出时间和家人（包括一个 6 个月大的婴儿）一起来到爱丁堡，与克莱尔一家共度一段时光。虽然这是他们第一次见面，但谈话进行得舒适而流畅，就像是相识多年的好朋友聚在了一起。

显然，克莱尔作为教练的工作是成功的。她试图与尼尔建立一种共鸣关系，帮助他厘清和追求自己的梦想。在这个过程中，她建立了一种基于真诚关心和关注的高质量关系——这是同理心教练的基本要素。为了建立这种关系，她向尼尔提出一些有意义的问题，并围绕他的回应与其建立密切的联结。同时，她也愿意进行一定程度的自我表露，偶尔分享一些自己的事情，用来促进尼尔的成长和双方的教练关系。克莱尔的分享以及愿意展示脆弱的态度，也为尼尔树立了一个榜样，让他能更坦然地分享对自己成长有益的事情。[7]

克莱尔在教练尼尔时建立的这种共鸣关系，通常至少要包含这三个要素：①正念的体验；②唤醒希望；③展现同理心。

当教练处于正念的状态时，他们会完全与被教练者同在，把所有的意识、觉知放在这一刻。他们充分理解被教练者，完全专注于倾听他们所说的话、感受他们的感觉。处于正念状态的教练也有很强的自我意识，能在任何时刻意识到自己的想法和感受，并注意不把这些想法和感受投射到被教练者身上。这样就能形成一种真实可靠的联结。身处其中时，被教练者会经常感到自己好像是在和一个亲密的朋友进行舒适而放松的对话。

优秀的教练还能激发人们深层次的意义感和希望感。有时，他们能够重新唤醒被教练者曾经有过却随着时间流逝而早已失去的感受。**对于那些想要成为理想自己的人来说，他们必须明白是什么赋予了他们生活的意义和目标，并对实现目标充满希望。**因此，有效的教练会通过问题引发思考，进而揭示对个人来说什么是最重要和最有意义的。然而，即使拥有深层次的意义感和目标感，人们在丧失希望的时候也很难继续前进。所以，有效的教练会创造一种希望的感觉，让被教练者逐渐建立自信心，即他们所设想的未来确实可以通过有意的、专注的努力来实现。

对于那些想要成为理想自己的人来说，他们必须明白是什么赋予了他们生活的意义和目标，并对实现目标充满希望。

有效的教练会表现出对他人的关心。这超越了一般意义上的共情或对他人感受的简单理解，而是非常关心并愿意为此采取相应的行动，提供必要的指导和支持，以帮助被教练者实现个人梦想。再次强调一下，这是同理心教练的本质。

最后，有效的教练能够激励他人。在一次教练对话之后，人们应当感到兴奋、充满了能量和朝着梦想前进的具有目标性的行动力。但并不是只有被教练者才会感到充满活力，教练自己也会在对话中受到鼓舞。

这种现象被称为**情绪感染**，即在特定的情境下，人与人之间在一瞬间产生的一种默契交流的状态。它发生在很多层面上，包括神经网络层面，我们将在第 4 章更详细地解释这一现象。在这里我们想要强调的是，情绪感染让教练和被教练者能够用希望、同理心、正念以及生活和工作中令人兴奋的可能性带来的感觉，对彼此产生真正的影响。[8]

谁帮助了你

在本章的前一部分，我们分享了来自 MOOC 参与者的一些反馈。现在轮到你了。抛开具体关系不谈，我们很多人都能回忆起在某些对话中，有人激励我们弄清楚自己真正关心的是什么，或者真正想要做些什么。这些对话引发了深度的反思，并最终引导我们采取行动去创造未来。

正如我们在第 1 章中提到的，如果你希望帮助他人，那么完成本书中的练习部分对于你来说至关重要。这是帮助你学会认清自己的动机、情绪和愿望的关键，能帮助你与希望帮助的人建立共鸣关系。完成这些练习有助于点燃你内心对理想未来的激情和梦想的渴望。这种内在的激情会产生积极的情绪体验，使你在教练他人时，就像点燃他人内心的火种一样——这就是情绪的感染力。

所以，回想在你生命中的某个时刻，有人以一种真正引发你思考的方式教练你，或是有人点燃了你内心的激情并改变了你的人生轨迹。也许是一位体育教练、高中老师、你的父母或其他亲戚，或者是工作中的管理者、导师，也可能是亲密的朋友。想想他们带给你的感受，是充满希望，有动力，还是充满想法和可能性？他们也可能对你表现出了真诚的关心和关注。当你处于最佳状态时，他们会帮助你充分认识自己并表达对你的欣赏；他们会帮助你展望一个令人振奋又充满活力的未来；他们会无条件地支持你，帮助你实现各种愿望。

区分那些帮助过你的人和那些**试图**帮助你但不知为何没有达到目标的人是很重要的。后者非但没有让你充满希望，反而会让你感到沮丧、无力，甚至被他们的条条框框所束缚。

————

现在请先完成本章末尾的反思与应用练习。在后面的章节中，我们会继续讨论这个话题。

在第 3 章中，我们将更深入地探讨如何进行同理心（而不是服从式）教练。我们还将讨论意向改变理论（ICT）的五个探索阶段，这对于实现持续而期望的改变至关重要。

深化学习

学习要点 ●

1. 优秀的教练会激励、鼓励和支持他人去追求梦想并充分发挥潜力，我们称之为**"同理心教练"**。与之相对应的**服从式教练**，则是教练试图引导人们朝着某些由外部定义的目标迈进。

2. 想要教练他人真正实现持续的、期望的改变，需要建立一种**共鸣关系**。这是一种以真正富有同理心的联结和积极的情绪基调为特征的关系。

反思与应用练习 ●

　　回顾过去，想想生命中那些帮助你成长、激励和鼓舞你、成就你的人。把范围扩大到整个人生，而不只关注在工作方面。

　　把你的人生划分为不同的阶段或时期。这些大致的时间框架，代表人生中的重大变化或重要的成长阶段。对许多人来说可以按如下方式划分：

　　人生第一阶段：童年到青春期中期（0～14 岁）

　　人生第二阶段：高中时期（15～18 岁）

　　人生第三阶段：大学、服兵役或初入职场的阶段（19～24 岁）

　　人生第四阶段：职业生涯早期到中期（25～35 岁）

　　此后，每隔约十年增加一个阶段，直至你现在的年龄为止。（请注意，以上列出的阶段仅作为一个粗略的指南供大家参考，应根据你自己的成长经历、文化背景、教育程度、工作经历等进行修改。）

　　创建一个三列表格，列标题从左到右依次为：人生阶段、人名、说明。每列依次填入相关的内容：某一特定的人生阶段；这个阶段最激励你的人的名字；想想这些人对你提供帮助的具体事件，他们在事件中所说、所做的，以及这些人给你的印象如何（不限于当时的感受），并对此写下一些感想。最后，你从这些事件中学到或收获了什么？

　　完成表格后，请花一些时间来分析你所写的内容。在相同或不同的人生阶段里，他人鼓舞和激励你的方式有什么相似或不同之处？这些相似或不同之处的本质是什么？有什么模式或特点吗？在表格下面写一段话（不超过300字），清晰地表述你观察到的特定模式，以及你认为它们对你成为现在的你，和你想成为的人这两方面所起到的重要作用。

第 3 章

同理心教练

激发持续的、期望的改变

当人们想要做出改变的时候，往往会以他们想要的方式改变自己的行为。如果没有内在的意愿去改变自己的行为或方式，那么任何显著的变化往往都是暂时的。我们在观察中一次又一次地看到过这种情况：管理者为了符合组织的期望而教练员工改变他们的行为，或者体育教练通过增强肌肉和仔细研究录像的方式来教练运动员更有决心赢下比赛。我们还看到，医生如何教练病人应当为了健康而改变生活方式，事业教练仅仅依据客户已有的技能或工作经历来指导其追求特定的发展机会。

所有这些例子都描述了一种对教练的普遍看法——教练是一种基于你的经验、专业知识或权限，就个人应该做什么和如何去做而提出建议的活动。这种类型的**服从式教练**虽然会适用于某些时间和场合，却不太可能带来行为上的持续改变。只要看看60%～70%的组织变革计划失败率，就知道这些计划最终还是依赖于个人行为的改变。[1]又或者看看慢性疾病患者，他们中有近50%的人并没有坚持自己的治疗方案。[2]所以，只是告诉我们必须或需要做出改变，并不是一种能够帮助我们持续改变自身行为的有效方式。

当人们想要做出改变的时候，往往会以他们想要的方式改变自己的行为。

在本章中，我们将详细探讨服从式教练和同理心教练之间的区别。我们还将介绍一个以同理心教练为核心的五步流程，这个流程已被证明是创造持续的、期望的改变的关键。接下来，让我们从本书的一位作者的故事开始吧，看看他是如何亲身体验到同理心教练和服从式教练的不同作用的。

释放激情的力量

在从事了近 15 年的销售和市场管理工作后，梅尔文决定回到学校全职攻读组织行为学和人力资源管理学的博士学位。他对于未来能在大学任教并参与企业培训与咨询工作的前景感到很兴奋。然而，他很快就了解到，顶尖的博士项目倾向于录取对科研而非教学和咨询感兴趣的学生。因此，他采纳了一位之前认识的教授的建议，在申请博士项目的过程中，他表现出对科研非常感兴趣的样子，但同时也表示自己对通过教学和咨询来实际应用研究成果感兴趣。这个策略奏效了，他被匹兹堡大学的博士项目录取，在那里他表现出色，精进了自己的研究技能，被认为是一位颇有前途的学者。

攻读博士的同时，梅尔文在凯斯西储大学得到了一个终身教职的机会，这将对他继续向学术领域转型很有帮助。在任教的第一年里，他做了必要的工作来建立和探究他的研究议题；到了第二年，除了负责学位课程的教学工作之外，他还被拉去教授一些高管课程。不久之后，他就意识到自己把越来越多的时间和精力放在了教学上。不可否认的是，他非常喜欢教学，喜欢激励人们应用他和同事们的研究成果。他的这种兴奋感和极具感染力的热情，学生和项目主管都深有体会。但是，他的研究议题已经开始停滞不前了。

　　在此期间，梅尔文从系主任和其他人那里得到了一些非正式的教练建议，认为他应该更专注于推进自己的研究，因为他需要在第三年即将到来的评审中汇报研究进展。他知道这很重要，也知道这是他应该做的，所以他开始改变自己的行为。他在关键的研究项目上取得了进展，并为第三年的审核整理了一份相当不错的报告，阐明了他的研究过程和取得的成果。最终，他通过了第三年的评审，但也收到了他人的提醒：花在非科研活动上的时间太多了，如果希望获得终身教职，教育、指导博士生和从事高管教育工作都应该是次要的。

　　虽然梅尔文很感激这些建议，但他发现自己不断地被学位课程和高管教育的教学工作所吸引。他不仅喜欢帮助别人学习，而且意识到自己真的很擅长做这些。他发现自己在明知应该做和内心真正喜欢做的事情之间摇摆不定，而且想不到有什么好的解决办法。

　　到了第四年，梅尔文有机会在部门的一个资助项目中与一位教练进行正式约谈。[3]他本以为，和过去的教练体验一样，新教练会关注于他需要做哪些事情来晋升到终身教职。但他很快就发现，这位教练并没有遵循任何外部定义的议程。教练只是帮助他根据自己对未来的想象，弄清楚他想做什么，他未来想成为什么样的人，并帮助他厘清如何朝着这个方向前进。

　　刚接触没多久，教练就发现梅尔文在相当长的一段时间里一直处在挣扎的状态，充满紧张的情绪。一方面，他表示希望在未来的几年里专注于自己的研究并获得终身教职；另一方面，他又希望能够继续甚至拓展自己在高管教育方面的工作。他还表示，希望充分利用现在能够定期获得的各种有偿演讲的机会。他希望能够"鱼和熊掌兼得"，但又很快意识到，要想同时拥有两者，他必须把教学和有偿演讲的工作机会推迟到获得终身教职之后。鉴于学校的九年任期考核制度，他距离获得终身教职还有五年多的时间。他告诉自己研究和教学都很重要，但他仍然感到沮丧，因为自己无法完全投入到这两项工作中。

虽然按照学校和学院所期望的方向来教练梅尔文是很容易的，但教练却建议他厘清自己的内心想走的是哪条路。教练让他做一个假设练习。

"如果你不得不做出选择，"教练问道，"在选定一个选项后，你就必须完全放弃另一个选项吗？如果真是这样，你会选择哪一个？"看着他做决定时的种种纠结，教练说："如果你选择其中之一，然后像试穿一件外套一样，看看一段时间后感觉如何，如果你不喜欢，那就把它脱下来，再换上另一件试试。做完这些之后，我们再来一起讨论这个问题。"

梅尔文首先"尝试"了做科研和获得终身教职的道路。他想象着，如果自己完全不参加高管教学和外部演讲活动，那会是什么样子。他会把自己所有的精力和体力都投入到研究中。他让自己沉浸在那个情境中，但很快就意识到自己不喜欢那种感觉。一想到要长时间地处于那种状态，他就感到很不舒服。他觉得自己会错过一些真正想要参与的事情。

随后，听从教练的建议，梅尔文又转向去想象参与高管教育和演讲活动的那个选项。几乎就在一瞬间，他就感觉到了不同。虽然之前他认为，不做那么多研究也并非一个好主意，但他惊讶地发现，与前一个相比，这个选择的感觉要好得多。选择这一选项后，他可以开展各种各样的活动和追求更多机会，对此他感到非常兴奋。

毫无疑问，他的内心已经做出了决定。"就是这个了！"他想。

再次见到教练时，梅尔文分享了他的新见解，于是教练约谈剩余的时间就集中在他将如何朝着自己真正的激情和对未来的理想愿景迈进上。没过多久，他就做出了决定，当机会出现时，他选择主要从事教学和演讲工作。如果这样做意味着做科研的时间将会减少，导致他不太可能获得终身教职，这样的结果他也能接受。对他来说，科研项目更像是一种强迫，是他觉得自己应该追求的东西，而不是他内心深处真正想要的东西。教练帮助他认识到了这一点。

在接下来的几个月里，梅尔文比以往任何时候都要快乐。他曾努力克服了很久的紧张感终于缓解了。现在，他正在追求自己内心想做的事，无论这件事把他引向哪个方向，他都感到很满意。出乎意料的是，不久后有人向他推荐了学校将要设立的一个新职位——高管教育学院主任。如果接受这个职位，他将在学校高管教育领域的发展方面发挥重要作用。唯一的问题是，这是一个非终身制的职位，如果接受这份工作，他就必须放弃通往终身教职的晋升路径。

如果没有接受过教练和探索过自己的理想未来，梅尔文可能根本不会考虑这个职位。但结果是，他最终接受了这份工作，并且已经在任超过 12 年。他会告诉所有愿意听这段故事的人，这是他做过的最好的职业选择之一，没有比这份工作更适合他的了。这份工作让他不仅能够接受世界各地的演讲和培训活动邀请，而且可以继续在学校教授自己最喜欢的学位课程，同时继续参与他真正感兴趣的研究和写作项目。

如果梅尔文的教练专注于督促他"顺从"，而不是富有同理心地帮助他确定并追求自己的未来愿景，想象一下结果会是多么天差地别。幸运的是，梅尔文的教练指导他经历了我们称为"意向改变"的五个阶段，或者说**"五个探索"**阶段。

意向改变模型

通过博亚特兹的意向改变模型（见图 3-1）来引导他人，即同理心教练，是一种经过验证的行之有效的方法，可以实现持续的、期望的改变。意向改变理论（ICT）基于这样的认识：行为的显著变化不是以线性方式发生的。它不会从一个起点开始，然后平稳地推进，直到完成所预期的改变；相反，行为变化往往是以不连续的短爆发的形式发生的，博亚特兹将其称为**"探索"**。一个人要想在行为上做出持续的、期望的改变，就必须经历这样的五个探索阶段。[4]

探索 1：理想自我

帮助人们实现第一个探索，首先要探究和明晰**理想自我**，回答诸如这样的问题："我真正想成为什么样的人？""我这一生真正想做的是什么？"[5] 请注意，这不仅仅是关于职业规划方面，而是更全面、具体地帮助人们在生活的各个方面设想一个理想的未来，会考虑但不限于他们当前的生活和职业阶段。助人者或教练会鼓励他们利用自我效能感，发掘对未来可能性的希望和乐观情绪，还会鼓励他们反思自己的核心价值观、核心身份，以及他们眼中的人生使命或人生目标是什么。因此，他们最终将能够清楚地阐明自己对未来的愿景，和他们可能拥有的**共同愿景**，包含他们的家庭、工作团队或更大的社会事业等方面（详见下文和第 6 章）。（理想自我的组成部分如图 3-2 所示。）

我真正想成为什么样的人？我这一生真正想做的是什么？

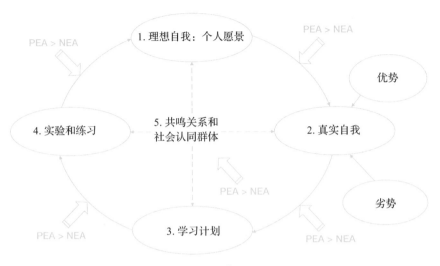

图 3-1　博亚特兹的分形[⊖]或多层意向改变模型

资料来源：Adapted from R. E. Boyatzis, " Leadership Development from a Complexity Perspective," *Consulting Psychology Journal: Practice and Research* 60, no. 4 (2008), 298–313; R. E. Boyatzis and K. V. Cavanagh, " Leading Change: Developing Emotional, Social, and Cognitive Competencies in Managers during an MBA Program," in Emotional Intelligence in *Education: Integrating Research into Practice*, ed. K. V. Keefer, J. D. A. Parker, and D. H. Saklofske (New York: Springer, 2018), 403–426; R. E. Boyatzis, " Coaching through Intentional Change Theory," in *Professional Coaching: Principles and Practice*, ed. Susan English, Janice Sabatine, and Phillip Brownell (New York: Springer, 2018), 221–230.

　　当教练人们探索理想自我时，要确保他们知晓自己真正想成为什么样的人和他们真正想做的事。很多时候，人们以为他们表达的是理想自我，但实际上，他们描述的只是一个所谓的**"应该自我"**，也就是他们认为自己应该成为什么样的人，或者其他人认为他们应该如何生活。我们在梅尔文的故事中看到：当他追求自己认为应该做的事情（为争取终身教职而开展更多的科学研究），而不是理想中希望做的事

　　⊖　分形是几何学术语，指局部和整体间具有自相似性，且有无限嵌套精细结构的几何对象。此处是指由于群体是由多个个体组成的，因此发生在群体层面（整体）的意向改变是发生在个体层面（局部）的分形。——译者注

情（更多的教学和演讲活动）时，行为持续改变所需要的能量和热情就不复存在了。

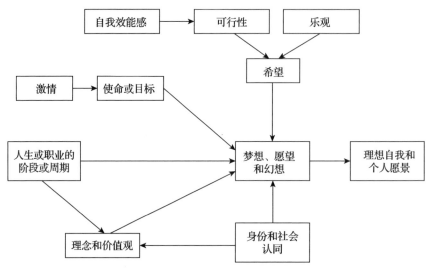

图 3-2   理想自我的组成部分

资料来源：Adapted from R. E. Boyatzis and K. Akrivou, "The Ideal Self as the Driver of Intentional Change," *Journal of Management Development* 25, no. 7 (2006): 624-642.

想要帮助人们真正发现理想自我，不仅需要一系列认知或心理练习来引导他们，还需要一个能带来情感体验的推动过程（通常是通过练习或反思，我们将在这里和本书其他部分对此进行描述），让他们感觉到自己的内心因为激情而被点燃了。这样，他们就会知道，他们真正发掘出了自己最好的一面，以及他们最深切关心的东西。

帮助人们充分探索理想自我的一个有效方法，就是让他们撰写一份个人愿景宣言。我们知道，当组织创建了清晰而有说服力的愿景宣言并得到组织成员的认同时，其结果会是积极而极具感染力的。它有助于激励、吸引、鼓舞组织成员，并为他们提供一种目标感和方向

感。我们相信，对人生的个人愿景宣言也具有同样的意义。俗话说，
"当你瞄准时，命中目标的概率会大大增加"，这听上去显而易见。但
这句话也意味着：没有个人愿景的人生，不就像在没有瞄准的情况下
射击靶子一样吗？

在一些项目和课程中，我们会播放由摄影记者、企业培训师德威
特·琼斯（DeWitt Jones）讲述的视频《庆祝世界的美好》（*Celebrate
What's Right with the World*）。[6] 视频中，琼斯强调了拥有个人愿景的
重要性。他鼓励观众将个人愿景凝练为六个词，以便记忆并且每天都
能激励自己。作为一名教练，你能帮助人们做出有意义的、持续的改
变最有效的方法之一，就是帮助他们找到与确定理想自我和阐明个人
愿景相关的激情和热情。

探索 2：真实自我

教练人们进行意向改变过程的第二个探索，就是帮助他们找到对
真实自我的准确认知。这不是简单地评估优势和劣势，而是通过对比
个人愿景中对理想自我的描述，帮助他们全面、真实地认清自己当下
是怎样的人。

在这个探索的过程中，教练的一个重要角色是帮助对方识别在
哪些生活领域中，他们现在已经达到了理想自我的状态。这些领域是
他们的优势，可以在之后的改变过程中加以利用。接着，教练应当
帮助他们识别当前真实自我与理想自我之间不一致的领域。这代表
着差距，在理想情况下，可以通过努力进行有针对性的行为改变来
弥补。

教练还应当帮助对方认识到，他们的真实自我不仅仅包括他们如

何看待自己，还需要考虑其他人如何看待自己。有些人可能会争辩，别人对自己的看法是基于对方的感知，并不一定能反映出自己是怎样的人。但事实上，他人对我们的综合看法本质上代表了我们在这个世界上的表现，这是关于"我是谁"的一个关键方面。因此，为了帮助被教练者增强自我意识，并对真实自我形成更全面的认识，教练应当建议他们定期向他人寻求反馈。也就是，不管他们的本意如何，他人是怎样看待他们的。

当听到自我觉察，尤其是与领导力相关的自我觉察的时候，我们的关注点往往是人们内在的自我觉察，即对自己优点和不足的看法，以及他们的价值观和抱负。虽然这很重要，但这种关注忽略了自我觉察的另一个要素：他人是如何看待自己的。如果不能准确地解读他人对自己的看法，人们对真实自我的看法就是不完整的。

增强自我觉察的一种方法是接受来自多方的反馈（也称为360度反馈）。在这个过程中，人们能够在评估自己各种行为的同时，也让来自不同关系和背景的其他人对此进行评估。传统的观点认为，将一个人的自我评价与他人的评价进行比较是衡量自我觉察程度的一种方式。我们的朋友兼同事，巴布森学院（Babson College）的斯科特·泰勒（Scott Taylor）在领导者的自我觉察领域做了大量研究，她认为衡量自我觉察有一个更好的指标，即比较人们对他人如何看待自己的预测与他人对自己的实际看法。[7]一位优秀的教练会帮助被教练者提升"倾听"能力并有效地解读他人对自己的看法，让其更好地了解真实自我，从而收获更大程度的自我觉察。这样，他们就可以定期评估自己的意向在多大程度上反映了自己对他人的实际影响。

并不是每个人都有资源或机会进行多方反馈与评估，但也有其他方法同样可以实现这个目的。首先，教练或其他助人者可以让对方真实地评估他们平时做得很好（或擅长）的事情和他们往往做得不太好（或不擅长）的事情。研究表明，这种自我评估可能存在偏差，但它仍然是整个过程中的一个重要组成部分。接着，根据斯科特·泰勒的建议，教练应当让对方预测一下其他人在感兴趣的关键问题上将会如何评价他们。最后，他们其实可以从其他人那里寻求非正式的反馈，看看他们对别人如何看待自己的预测，在多大程度上与他人的实际看法相符。

创建"个人平衡表"（personal balance sheet，PBS）是另一种帮助人们在任何时间捕捉真实自我的方法（无论他们是否参与过正式的反馈过程）。人们可以利用个人平衡表对自己短期和长期的优劣势（或发展机会）进行分类。然后，将结果与理想自我和个人愿景进行比对，确定它们在哪些方面已经达到平衡，在哪些方面还存在差距。一旦人们意识到并承认理想自我和真实自我之间的优势和差距，就已经做好准备在改变的道路上向前迈进了。[8]

作为一名教员，梅尔文在任教早期收到的反馈表明，他拥有良好的教学和引导能力，而且是一位有魅力的演讲者。他意识到这些是他可以进一步提升和充分利用的优势，以成为一名卓有成效的教育者和备受欢迎的演讲者。梅尔文也收到了反馈，说他的研究效率偏低。当时，他积极开展的研究项目相对较少，充其量只能算是以适中的速度推进着。如果从绝对意义上看待这些反馈，并由此选择一条传统的发展路径，他可能会把所有的注意力集中到缩小一个已确定的、关键的发展机会上的差距（对于他来说，就是自己的科研生产力）。然而，在与教练一起明晰了个人愿景后，他清楚地意识到应当将精力投入到发挥自己的优势上，这对他个人愿景中最重要的职业领域提供了直接的支持。但是，这并不意味着要无视那些有关科研生产力的反馈。他只是客观地去看待这个问题，并决定首先利用自己的优势来追求个人愿景，充分挖掘自己周围的积极情绪能量。

这是使用"个人平衡表"的一个重要考虑因素。通常情况下，人们会立即将注意力转移到自己的劣势上，并开始思考解决这些问题的办法。但一位富有同理心的教练可以帮助他们看到**如何让自己在改变上做出的努力更有成效，即首先要承认并利用自己的优势**。只有这样，他们才能把关注点放在那些能够帮助自己在实现个人愿景方面取得最大进展的优势，之后再去尝试改善自己已经知晓的劣势。

探索 3：学习计划

意向改变过程的第三步是制订一个**学习计划**。教练或其他助人者首先要请对方重新审视之前发现的优势，然后思考如何利用这些优势去弥补任何与之相关的差距。关键是让人们思考为了接近理想自我，自己最想尝试的行为改变方式是什么。这与侧重于解决自己所有劣势的行为改变计划不同，后者一开始或许会让人们感觉有效，但实际上则会抑制改变的进程。

相反，教练应当帮助人们意识到，如果他们继续做自己一直在做的事情，就会依然保持自己一直以来的样子。要想改变，他们就必须行事有所不同。这就是梅尔文体验到的那种不舒服的紧张感的来源，因为他在把教学还是科研作为首要工作的两个选择之间徘徊不定。虽然感受到了这种紧张情绪，但他仍继续采取相同的行为，即没有完全投入到任何一条工作道路上，似乎期待着这种紧张感会随着时间的推移而神奇地消失。

如何让自己在改变上做出的努力更有成效，即首先要承认并利用自己的优势。

感受一下哪个选择最令你兴奋，而不是遵从他人认为你应该做的事情，是检验你是否在朝着自己的目标和愿景前进的另一种方式。例如，每当梅尔文有机会设计一个新的教学活动（如研讨会或课程）时，他都会欣然接受。如果让他在设计新的教学活动和撰写研究论文之间做出选择，他总是会优先选择前者，因为这对他来说最具吸引力。这是一个积极吸引因子，表示相较于做科学研究，他更喜欢教学。

尝试一些不同的事情，包括对新的行为进行实验和练习，也是第四个探索中前半部分的精髓（我们稍后就会阐述相关内容）。虽然这些行为的实验和练习被视为一个独立的探索阶段，但实际上在创建学习计划时就已经对此有所考虑了。从本质上讲，第三个探索需要一个人对将要做什么制订计划，而第四个探索则是将这些计划付诸行动。

探索 4：实验和练习新的行为

这是意向改变过程中的第四个探索，教练鼓励人们不断尝试新的行为和行动，即使它们并不总是能够带来预期的结果。尝试有时会失败，这没关系。因为这就是实验的本质。如果某件事没有达到预期效果，教练应当鼓励人们再试一次，或者尝试其他方式。

梅尔文的教练让他专注于两个相互冲突的职业选择中的一个（教学和演讲，或者科研）。教练向他提出了挑战，要求他只能选择其中一个，并明白这样做是以完全牺牲另一条职业发展路径为代价的。正如前文所述，在完成假设实验之后，梅尔文意识到尽管他并没有想要完全放弃科研和写作，但一想到将其作为工作重心，他就会产生一种空虚的感觉。他还意识到，当把全部精力专注于教学和演讲时，他并没有这样的空虚感，而是感到精力充沛。事实证明，这是梅尔文实现持续的、期望的改变的一个突破点。

要想引发第四个探索所期望的"啊哈"（a-ha）时刻，关键是要持续不断地尝试，直到找到适合自己的方式。然后，教练就可以帮助他们把实验的行为转化到实际应用上，这就是第四个探索后半部分的内容。在这个过程中，重要的是实践再实践，不断练习。但很多人都做不到，而是仅仅练习到他们对新行为感到舒服的程度就止步不前。这对于暂时性的行为改变来说是没有问题的，但当我们处于匆忙、不知所措、愤怒、睡眠不足或压力大而无法理性思考的情况时，这种方法就不会持续有效了。这时候，我们很可能会退回到过去的行为模式。但是，如果我们能坚持练习，直到跨越舒适区并感到游刃有余时，就能以真正持续的方式改变我们的行为。

对梅尔文来说，这意味着练习去拒绝那些在主要研究领域之外的长期科研项目。之前，他几乎总是对这些机会说"好"，因为他觉得这有助于积累研究成果和经验。然而，一旦明确了新的工作重心，他就必须养成一种新的习惯，即更严格地安排自己的时间以及如何回应此类项目请求，只接受自己最感兴趣的事情。

一些研究者和作者对于人们需要练习多长时间才能掌握新行为提出了看法。麦克斯威尔·马尔茨（Maxwell Maltz）在其 1960 年出版的《心理控制术》（*Psycho-Cybernetics*）一书中指出，养成一个新的习惯至少需要 21 天。[9] 史蒂芬·柯维（Stephen Covey）和其他许多研究者随后也认同了这一观点，即习惯可以在 21 天的反复练习中养成。[10] 马尔科姆·格拉德威尔（Malcolm Gladwell）在其 2008 年出版的畅销书《异类》（*Outliers*）中指出，掌握一项技能大约需要一万个小时的练习。[11]英国伦敦大学学院（University College London）的菲利帕·拉利（Phillippa Lally）和她的同事们对这一课题展开研究，发现个人形成一个习惯所需的时间实际上有相当大的差异性，研究结果显示需要18～254天不等。[12]

不管具体需要多长时间，教练和其他助人者都应当鼓励人们练习自己希望强化的行为。被教练者也应当练习这种行为，直到他们不需要思考就能做好，这时它就会成为新的默认行为模式。

探索 5：共鸣关系和社会认同群体

在对意向改变过程的第五个也是最后一个探索的教练阶段中，教练或助人者要帮助人们意识到，他们需要从与他人建立相互信任、相互支持的关系网络中获得持续的帮助。行为上的显著改变是很困难的，在孤立无援的情况下更是如此。当身处我们所说的**共鸣关系**，即基于整体上具有积极情绪基调的真实联结中，这种改变的努力将会更有成效。虽然与教练或最直接的帮助者之间的联结应该也属于这种关系，但人们也应当有其他可以寻求支持、鼓励并且有时可以依靠的人。这就是他们在意向改变过程中每一个探索阶段所需要的。我们通常把这样的关系网络称为"个人董事会"（personal board of directors）。通过信任、支持的关系，以及社会认同群体的形成（详见第 8 章），一个人会从周围关心和帮助他的一群人那里受益。这些关系将使其行为改变的过程保持活力。

请注意，这种信任、支持的关系网络并不总能将生活中最亲近的人囊括其中。事实上，有时那些与我们最亲近的人可能并不支持我们想要做出的某种改变。这并不意味着他们在你的生活中变得不那么重要了，只是他们可能不是你在做出某种改变时可以寻求帮助的人。正如我们的好友兼同事丹尼尔·戈尔曼（Daniel Goleman）在他的书和论文（有些是和理查德一起写的）中所指出的那样，尽管在教练的每个阶段都需要情绪与社会智力，但建立并维持共鸣关系或许才是最关键的。[13]

当梅尔文决定在事业和生活上做出重大改变，即离开商业领域去攻读博士学位并最终进入学术界发展时，情况就是如此。与妻子的关系是他最亲密、最重要的关系，但妻子对于他正在考虑的改变的可能性，远没有他那么兴奋。她也没有个人的经验和洞察力，不知道他需要采取哪些步骤来完成这一改变。因此，他还需要在自己的人际关系网络中寻找其他可能提供相关教练和支持的人。梅尔文联系了一位大学同学，此人之前辞去了市场营销的工作，准备去攻读博士学位。他还向其他有过类似职业变动的人求助，其中包括其他已婚并育有孩子的人，这样就可以与他们交流一些从企业过渡到学术界时如何平衡家庭责任义务方面的具体问题。虽然梅尔文的妻子仍然是他生活中的重要关系，并且在其他方面提供了支持，但那个不断扩大的相互信任、相互支持的关系网络，帮助他实现了职业生涯的转型。每一段关系都为他提供了不同的视角，并帮助他在实现所期望的改变方面发挥了独特的作用。

当我们偏离了方向，或者在进行期望改变的过程中丧失了动力或注意力时，这种信任、支持的关系网络也可以帮助我们继续向前迈进。例如，我们此前为美国一家大型金融机构提供领导力培训和高管教练时，该机构的一位高管告诉我们，他将自己的关系网络视为"负责任的合作伙伴"（accountability partners）。他邀请这个关系网络中的伙伴不仅鼓励他，还要督促他对其期望的行为改变负起责任，以此来支持他做出改变的努力。

教练和其他类似的共鸣关系有很多作用。除了提供支持以外，还有就是我们所说的**"真实性检验"**（reality testing），也就是帮助人们走出自己的盲区。康奈尔大学（Cornell University）的大卫·邓宁（David Dunning）研究了自我欺骗的过程，其中多次记录到人们往往不知道自己不知道的事情。[14] 具体而言，如果没有通过其他视角进行真实性检验，人们往往会对自己和他人的专业知识和能力产生错误的认知。

如何开展同理心教练

近30年来，我们一直在用基于意向改变理论的方法来培训教练，该理论体现了同理心教练的方式。我们一次又一次地看到，在接受了这种方式的教练后，人们的生活发生了深刻而持续的变化。但是，它为什么会起作用？又是如何起作用的呢？当人们以这种方式接受教练时，是什么促使他们更有可能在生活中做出改变并坚持下去的呢？

我脑海中浮现出了一些答案。例如，当运用同理心教练的方法来帮助人们朝着自我定义的未来理想图景迈进时，我们的研究表明，他们很可能会以一种持续的方式改变，这远胜于他们被告知或感到必须要改变的情况。（当然，人们也有可能会在需要的时候做出持续的改变，只要他们也感受到了一种发自内心的、真正想要做出改变的渴望。）这里的关键是，渴望改变的内在意愿必须超过义务或动机。

回想一下第 2 章中讲述的足球运动员埃米莉·辛克莱的故事。她觉得自己应该把全部注意力和精力放在努力提高足球技巧上，然而，教练却发现她的努力很明显缺少了一些东西。当她把注意力转移到内心真正想做的跑步训练上时，她为成为一名田径运动员所付出的持续努力和所享受到的成果，无疑都达到了更高的水平。梅尔文认为自己应该花更多的时间专注于科研。然而，系主任和学校里的其他人都清楚地看到，他不断地把时间花在那些让他远离科研的活动上。当他真正把注意力转移到教学和演讲上时，他发现内心在告诉自己，这才是他真正想做的事情，并且他在这一领域做得很好。事实上，持续的改变通常需要人们以自己希望的改变方式进行，而不是自己或其他人认为他们应该改变的方式。

还有其他因素在发挥作用。事实证明，当一个人在内在真正渴望的驱使下做出持续的改变时，会产生一系列情绪、激素和神经系统反应。而这些反应的过程与一个人仅仅是因为外界的期望而尝试进行改变时是不同的。我们将在后续章节中更详细地讨论这个问题。现在，请注意，教练和各种类型的助人者（有意或无意地）在引发这些情绪、激素和神经状态方面发挥着重要作用，这对人们促成改变的能力甚至行为结果都有重大影响。

当进行服从式教练时，即使是出于善意，教练也时常会引起被教练者的防御性反应。这种体验往往会激发应激反应，伴随着消极情绪和交感神经系统的激活，而这反过来又会触发一系列激素的变化，从根本上阻碍了学习或以任何方式改变的能力。此时，人们已经被推入消极情绪吸引因子的领域，我们将在第 4 章中对此进行详细介绍。现在我们想说的是，在这种生存模式的状态下，人们的创造力和对新想法的开放度会大大降低，导致做出或维持行为改变的可能性极低。

　　想象一下，在少年棒球联盟一场势均力敌的季后赛中，一个男孩在最后一局打三垒。当他向一垒投球失误后，他的教练大喊大叫，告诉他这是一个多么愚蠢、代价多么高的失误，并质问他怎么能搞砸这么简单的一次投球。一瞬间，这个球员因失误而产生的恐惧感被放大了十倍，他的压力水平达到了顶点。他很害怕，心跳加速，呼吸急促。他满脑子想的都是自己失误的严重性，祈祷下一个球不要朝他过来，但球当然还是飞了过来。他被刚刚接受的纠正性"教练"吓得瘫软无力，以至于再次漏接了一个常规的地面球，又失误了一次。

　　这是服从式教练经常会发生的情况。尽管我们可能认为自己是在帮助人们提高他们的行为表现，但实际上我们却触发或维持了一种压力反应。这会激活消极情绪吸引因子，激活交感神经系统，在生理层面降低了他们学习、提升或顺利改变行为的能力。

　　而同理心教练则会产生截然不同的反应。有了对未来理想状态的愿景，专注于自己的优势而非劣势，我们的积极情绪而非消极情绪就会被激发出来。与这种积极情绪吸引因子相关的能量和兴奋感会激活副交感神经系统，从而启动一系列生理反应，使人处于更放松、更开放的状态。于是，创造力流动了起来，新的神经通路在大脑中形成，进而为新的学习和产生持续的行为改变铺平了道路。

　　让我们回到少年棒球联盟球员的故事。另一位教练看到这个男孩在重大比赛中投球失误之后，立刻叫了一个暂停。教练走到三垒，来到球员跟前并告诉他没关系，提醒他深呼吸、放轻松，为下一次击球做好准备。教练向男孩强调他是联盟中最好的三垒投手之一，并提醒他此前已经为此做了一百次的投掷练习。他所要做的就是思考自己的技术，然后像他在 99% 的时间中所完成的那样，让自己投出一记好球。经过这样的教练和安慰之后，球员现在变得更冷静、更放松，并为下一次击球做好了准备。

这一次，球朝他这边飞过来，实际上这并不是一个常规的地面球，而是非常棘手的一球。他根本没有时间用手套接球并扔给一垒，他必须找到创造性的应对办法。他迅速思考着，用另一只手接住棒球，站稳双脚，挺直肩膀，漂亮、准确地将球扔回一垒，让对方出局。正因为教练帮助他反思自己的优势，并想象一个积极的结果，唤起了积极情绪吸引因子，激活了他的副交感神经系统，让他能够放松下来，更清晰、更有创造性地思考解决办法。

虽然各种研究已经探讨了哪种教练风格对个人的帮助最大，但是我们讨论的差异要比行为风格的层次更深。[15] 例如，我们的同事卡罗尔·考夫曼（Carol Kauffman）提倡灵活地综合运用从行为和精神分析疗法到教练的各种方法。[16] 我们和她之间一个主要的区别是，我们关注的是个人的体验，而不仅仅是教练的意图。

正如之前所说，我们已经收集了相当多的实验证据，证明同理心教练能够有效地给人们带来持续的、期望的改变。[17] 随着时间的推移，我们还收集了大量的实例证据，表明这种方法能够有效地帮助人们在生活中做出有意义的改变。

几年来，我们收集了来自管理者、高管和高级专业人士对于第 2 章中"反思与应用练习"的反馈。当这些人分享对生命中帮助自己最多的人的看法时，他们对那些回忆总是充满了温暖、感性的情绪反应。之所以这些温情或是困难的时刻能产生这么持久的影响，很大程度上是因为这些人给予了他们真诚的关心和关注。我们将这些反馈进行编码，标记出其主要涉及意向改变过程的哪些方面，结果发现在人们回忆的那些时刻中，约 80% 涉及有人帮助他们发掘了自己的梦想、抱负、核心价值或优势。从本质上讲，这些人帮助他们发现了理想自我，或者欣赏他们所具有的独特能力。

相反，当我们让他们回忆那些曾经试图帮助他们，但最终不一定成功帮助了他们的人时，发现超过一半的事例都涉及有人对他们需要改进的方面提供了反馈意见。换言之，那些人关注的是他们的差距或劣势。[18] 鉴于这些研究结果，有那么多的人无法持续地改变，也就不足为奇了。很多时候，那些试图帮助他们的人会在不知不觉中触发应激反应，使他们激活消极情绪吸引因子，从而导致他们在生理层面缺乏做出行为改变的能力。

要想成为一位卓有成效的教练或成功地从事任何类型的助人工作，你就无法回避情绪在人们行为改变中所起到的关键作用。教练需要成为一名情绪专家，能够识别和巧妙地掌控教练过程中的情绪流动。这需要你与被教练者保持一致，创造一种同频共振的状态，让作为教练的你能够理解并影响被教练者体验到的情绪。此外，考虑到情绪感染的影响，教练要能够有效地调控教练对话中的情绪基调，还需要在这个过程中觉察自己的情绪状态，并意识到它可能会对被教练者产生的影响。我们将在第 7 章对此进行更详细地讨论。

————

在本章中，除了"反思与应用练习"，我们还将提供"对话指导"这个板块。和练习一样，这些指导旨在帮助你思考本章所讨论的主题。然而，由于有意义的对话是帮助的核心，我们强烈建议你找到其他可以就这些话题进行讨论的人。"对话指导"旨在帮助你开启这些交流。你可能还会发现，与他人讨论"反思与应用练习"是很有帮助的。所以越多地与他人讨论这些话题越好！

在第 4 章中，我们将继续探讨积极情绪吸引因子和消极情绪吸引因子，并进一步研究大脑是如何影响教练过程的。

深化学习

● 学习要点

1. 同理心教练首先要帮助人们探索并清晰地表达他们的理想自我和对未来的个人愿景。这通常意味着帮助他们梳理出理想自我和应该自我之间的区别。

2. 为了帮助个人建立自我觉察，首先要确保他们在个人愿景宣言中考虑自己的优势和劣势。个人平衡表是一种有用的工具，它可以引导人们思考自己的资产（优势）和负债（差距或劣势）。为了激发改变的动力，教练应当鼓励被教练者更多地关注自身优势，其关注优势的注意力需要比劣势多 2～3 倍。

3. 相较于把注意力放在制订个人缺点的行为改进方案上，学习计划应当专注于人们最乐于尝试的行为改变，即能够帮助他们更接近理想自我的改变上。

4. 教练应当鼓励人们走出舒适区，练习新的行为。只有不断地练习，才能熟练掌握。

5. 人们需要建立一个信任的、支持的关系网络来帮助他们努力做出改变，而不是仅仅依靠教练的支持。

6. 教练必须意识到并很好地调控教练对话中的情绪基调。

● 反思与应用练习

1. 回想一下在你的人生经历中，在哪些情况和事件中你是真正"按照自己的意愿"行事，而不是单纯地在对别人做出反应或者做那些别人希望你做的事？在追求自己的梦想和愿望的过程中，你是

否有过真正自主的感觉？在这些时刻之前，你的人生哲学、个人
价值观或人生观是否发生了转变？处在生命的这些时刻时，你有
什么感受？

2. 过去，你是否有过这样的时刻：感到你想成为的那个人与当下真
实的自己脱节了？你有没有曾经为了取悦他人而严重违背了自己
的价值观？你是否曾经为了现实因素或权宜之计而严重违背了自
己的价值观或理想？在这样的时刻，你有什么感受？

3. 想想那些能让你发挥出最好的一面的教练或其他人。那时，你
对自己所做的事情以及为什么要做这件事有什么感受？

4. 想想那些试图让你做一些你不想做的事情的教练或其他人。你
当时的感受是什么？你按照他们的要求进行改变了吗？如果有，
这种改变持续了多长时间？

对话指导

1. 在生活中，你有没有尝试过以你希望的方式去教练或帮助他人
改变其行为？对方改变的效果如何？改变了多少？这种行为改变
持续了多久？

2. 你什么时候就帮助他人发现和追求他们真正感兴趣的事情进行
对话？这些对话进行得怎么样？对方在多大程度上朝着他们所期
望的改变取得了持续的进展？

3. 在你的组织中，你最常观察到的是哪种类型的教练？是同理心
教练，还是服从式教练？你觉得为什么会出现这种情况？这对组
织的整体影响是什么？

第 4 章

唤醒改变的渴望
激发愉悦、感激和好奇心的问题

在 亚伦·巴内（Aaron Banay，化名）进入幼儿园的第三周，老师让每位小朋友画一栋房子。在图 4-1 中，你可以看到班里其他小朋友的作品，以及亚伦的作品（所有画作因复印都被转换成了黑白色）。

大多数幼儿的画　　　　　　　　　　亚伦的画

图 4-1　房子

后来，老师又让大家画一架飞机。在图 4-2 中，我们展示了班里学生的代表作品，以及亚伦的画作。

大多数幼儿的画　　　　　　　　　　亚伦的画

图 4-2　飞机

看过亚伦的画作后，老师和园长交谈了一番。尽管亚伦的笑容很有吸引力，他与他人相处也很融洽，但这两位教育工作者认为，鉴于亚伦的这些画作以及他在课堂上对老师的教导略有抵触，他看起来也似乎有点孤僻，这可能是他具有情绪问题、家庭困扰或学习障碍的表现。他们认为，临床心理学家甚至可能会把这些画作视为其具有一种脱离现实的世界观。

在一系列内部会议之后，他们打电话邀请亚伦的父母过来进行一次特别的讨论会。老师和园长向约瑟夫·巴内（Joseph Banay，化名）和艾莉森·巴内（Allison Banay，化名）展示了他们儿子的画作，并表达了校方的担忧。然后，他们递给亚伦的父母一份书面声明，告诉他们应当把孩子送去该州提供的特殊需求教育项目。约瑟夫和艾莉森感到既生气又困惑。他们解释道，他们的家庭生活很美满，亚伦也从未表现出任何情绪方面的问题。但老师说，她担心亚伦无法跟上学校学习的进度，甚至可能会拖累其他同学。

老师没有告诉他们的是，她曾尝试着让亚伦用右手写字，但亚伦一直很抗拒。于是，她不再像对待其他孩子那样关注亚伦，这让亚伦感觉自己被孤立了。约瑟夫和艾莉森当时对此一无所知。但是，老师和园长已经引起了两位家长的恐惧，他们担心自己的孩子可能真的有问题，所以开始心怀戒备。他们知道亚伦是班里最小的，但他们也知道，亚伦在家里是一个好奇心强、可爱、积极热情的孩子。两位家长认为应该再给他一次机会，但是老师和园长坚持要把他转到新的特殊班级。

约瑟夫和艾莉森带着沮丧的心情离开了，他们被迫做出了一个可能会影响儿子发展和未来的决定。其原因到底是他们由于过度防御而对某种重要的可能性视而不见，还是老师和园长倾向于对另一种推测充耳不闻呢？

回家后，亚伦看到父母手里拿着他的两张画作。他很开心，问他们对自己的画作有什么看法。他的父母仍然希望弄清楚到底发生了什么。于是，作为一家大公司的内部顾问，约瑟夫决定问问亚伦，他是怎么看待自己的画作的。

夫妻俩和亚伦一起坐了下来，告诉儿子他们很喜欢这些画作。然后，约瑟夫带着鼓励的微笑问亚伦他看到了什么，以及为什么画成这个样子。亚伦指着房子和飞机上的线条，迫不及待地说："如果没有电路和管道，房子就没有用了；如果没有液压装置和电气系统，飞机也就飞不起来了。如果我先画物体的表面，你们就永远看不到里面所有重要的东西了。"

他的父母都很惊讶。通过问亚伦一个简单的问题："你看到了什么"，他们发现自己的儿子具有成为一名建筑师或工程师的天赋，他能够看到房子和飞机的复杂结构，比一般的五岁孩子的视野要丰富得多。他并不是一个有学习障碍或情绪问题的孩子；相反，他表现出了天才儿童的分析能力。

知道这个事实后，我们很容易就能理解巴内夫妇在这一刻的感受，并感叹道："的确，教育专家们的想法真狭隘。"但是，在那次气氛紧张的会议上，"专家"们激起了在场所有人的消极情绪，他们坚信自己的想法是对的，而亚伦的父母如那些普通的、自我防御性的父母一般，辩解着自己的孩子是特别的、聪明的、敏锐的。而约瑟夫的一个很简单的行为，即向亚伦提出了正确的问题，就发现了完全不同的真相，并对当时的情况以及亚伦的成长和发展所需要的东西，做出了截然不同的判断。遗憾的是，又过了两年时间，幼儿园的教育专家们才改变立场，让亚伦回到普通班级，和朋友们一起上课。但是，老师和园长认为亚伦有问题就把他转移到特殊班级的做法，可能已经减缓了他的成长速度。

　　我们的观点是：为了帮助他人，我们必须把关注点放在他们身上，而不是我们自己对事物应该怎样的看法上。我们必须理解他们。为此，我们必须与其交谈，了解他们对世界的看法、他们的处境以及感受。为了有效地教练或帮助他人，我们需要了解对方的感受和想法，这才是真相。遗憾的是，我们，尤其是那些身为助人角色的专业人士，经常假设他人的想法。

　　这是一项核心挑战。作为教练和助人者，我们往往经验阅历更丰富，知识更渊博。但我们的错误在于认为或假设我们知道对方应该怎么做才能过上更好的生活，变得更有成效或者学到更多东西。这就是亚伦故事中的教育者们落入的陷阱。在试图改变亚伦的情况以及他父母的看法时，教育者们激起了巴内夫妇的消极反应，导致他们将这次对话看作对儿子的负面评价，并把应该做什么强加给他们。所以，他们甚至不确定自己是否应该同意校方的建议。对他们来说，整个对话就是我们所说的**消极情绪吸引因子时刻**（NEA moment）——他们的消极情绪吸引因子（NEA）被触发，使他们处于高度戒备的状态，阻碍了（至少在那个时刻）他们以富有成效的方式做出回应的能力。

　　在本章中，我们将探讨如何以正确的问题创造可以引发持续性改变的转折点，以及专注于错误的事情是如何阻碍改变发生的。我们将探索如何唤起积极情绪吸引因子（PEA）来实现最大限度的成长，以及个体积极情绪的产生如何受到阻碍，甚至有时被那些试图帮助他们的人所阻碍的。我们还提供了进入积极情绪状态的具体方法，能够使助人者和受助者都处于一种乐于接受成长和持续变化的状态。最后，在本章末尾，你可以学到一个练习，帮助你随着时间的推移追踪自己的情绪，并寻找其与 PEA 和 NEA 相关的模式。

唤醒 PEA

教练提出的一些问题（比如"你从绘画中看到了什么""在你的生命中，什么是最重要的"）不但能发人深省，还可以唤醒一个人的 PEA，激活促进激素分泌的大脑区域——**副交感神经系统**（the parasympathetic nervous system，PNS），这些激素与敬畏、欣喜、感激和好奇等情绪相关。相反，如果提出一些错误的问题（比如关注一架飞机"应该"怎么画，或者需要做什么才能升职），将会唤醒一个人的 NEA，激活不同的大脑网络，促进激素分泌，导致**交感神经系统**（the sympathetic nervous system，SNS）被激活，从而引发与"战斗或逃离"反应相关的恐惧和焦虑情绪。研究表明，仅仅是想象负向的事件（比如思考你"应该"做什么），就足以唤醒 NEA！

因此，提出正确的问题最终会让人们看到生活中的各种可能性，包括持续性的改变，这一点并不令人意外。然而，许多教练和助人者却未能做到这一点。相反，他们还在使用亚伦的故事和其他事例中所描述的服从式教练的方式。

运用同理心教练时，我们会在一开始邀请对方阐明他的**理想自我**或个人愿景。这会让他沉浸在 PEA 中，激发开放性和创造性，并体验到一种因自身改变而带来的兴奋感。我们在第 3 章中提到，并将在本章中更详细地进行阐述的是，本质上 PEA 是作为一个转折点，帮助人们沿着意向改变模型中的五个探索阶段一步步前进，最终形成期望的持续性变化。

在亚伦的事例中，两位"专家"在亚伦绘画时都没有用提问来了解他的想法。所以，他的遭遇源自被误解，不是因为他没有沟通，或做得不恰当，而是因为教育者没有想到用一个简单问题来了解他的观点。同样地，教练和助人者往往会专注于他们认为对方应该做的事情，陷入服从式教练中。例如医生建议病人戒烟，或者管理者建议员工学习某项他可能一点儿也不感兴趣的技能。即便是出于好意，这些尝试也通常会以失败告终，因为它们会激起对方的防御心理和对应该自我的义务感。

在像亚伦的课堂这样的教育环境中，这种情况被称为注重教学（教师和管理者必须教什么），而不是学习（学生真正在学习什么）。[1]在这样的环境中，教育被框定为一个专家系统，即教师和管理者比学生或家长更了解学习的过程。从历史上看，教育领域的这种做法中并没有起到很好的效果。也正如我们在本书中强调的，这种做法在任何教练环境下也都不会起效。[2]

当然，这并不意味着作为教练，我们必须清除脑海里那些可能对受助者有益的想法。我们需要的其实是锻炼情绪掌控能力。[3]换句话说，作为一名教练，你能否做到长时间抑制给建议的冲动，以帮助受助者发掘他的想法？

如果约瑟夫·巴内像普通家长一样质问："你到底在想些什么？"或"你为什么不像班里其他孩子那样画画呢？"那么，他就不可能听到亚伦绘画时的想法了。然而，人们经常提出类似的问题，想要激起别人为自己或自己的行为辩护。显然，这种问题会立刻激起人们的防御心理，陷入 NEA 中，给回应问题的人带来压力。

反之，提出另一种类型的问题，尤其是开放式的问题，可以让人们处在 PEA 和一种更加开放的状态中。在管理学研究领域，这种积极或开放式的问题被称为**外向思维模式**，反之则是**内向思维模式**。外向思维模式会让你抽离出来，这样你就可以从烦恼中解脱。除了缓解过分关注自己所带来的症状外，它还能提高你观察周围人际关系环境的能力。换句话说，即使对于被教练者和受助者来说，把关注点放在他人身上会比专注于自己更有助于变化的产生。在第 5 章中，我们将解释这一现象的神经学基础。

麻省理工学院（MIT）名誉教授、该领域 60 多年来的领军人物埃德加·沙因（Edgar Schein），在其著作《恰到好处的帮助》（*Helping*）[⊖]一书中，把没有隐含着期望答案的问题称为"谦逊的询问"（humble inquiry）。⁴ 在研究所有形式相似的帮助行为时，他建议在任何正式或非正式的助人情境下，都要注意地位上的固有差异，以及对交流有意识或无意识的期望。他说，帮助他人的目的之一是帮助对方重回某种状态，在给他们带来信心的同时，"为双方提供尽可能多的数据"。他的原则之一是"你的一言一行都是一种干预，决定了这段关系未来的发展"。最好的关系是平等而互信的。沙因建议，如果我们谦逊地进行询问，即提出没有隐含着期望答案的问题，我们将从对方那里了解到更多，鼓励他们更多地进行自我探索，并在学习过程中更有主动性。用我们的术语来说，这样的询问比其他方式更有可能帮助他人进入 PEA 之中。

我们团队中的一员最近在一家中等规模制造公司的培训项目中看到这样的对话交流。在一次关于教练练习的讨论中，一位极具潜力的管理者说："我们不习惯询问别人的感受。"不论是因为这看起来太个人化，还是太感情用事，公司的这种文化忽视了人们的动机、关系和心情等情绪驱动因素。公司的领导层忽视了我们在第 2 章中提到的情

⊖　该书已由机械工业出版社出版。

绪感染的风险，即"领导者和管理者将自己的情绪和感受传递给他人，却不明白或不处理所造成的后果"。

回想一下凯尔·施瓦茨的故事（见第 1 章），这位老师问学生对于"我希望我的老师知道……"这句话的反应。[5]这是一个提出正确问题的优秀示例。从学生的回答中（如"我希望老师知道，我和家人生活在一个收容所里"），施瓦茨了解到他们在课堂之外所面对的问题，这有助于她了解如何以最好的方式教导他们。对学生来说，他们知道老师关心他们的生活和感受，这会让他们以积极的心态去学习。

专注于错误的事情

当我们提出正确的问题时，人们会积极地打开学习的大门；当我们在互动中专注于错误的事情时，人们往往会封闭自己的思维。本书的作者之一理查德就有过这样的经历。

我正在书房里撰写研究论文，这时我的妻子进来了，她走到临街的窗户前，问我有没有看到窗外燃气公司用来安装新管道的大型前置式装载机。我目不转睛地盯着电脑屏幕，用有些恼怒的声音回应道："什么？"我的妻子平静地回答说："这样的语气可不太好。"于是我完全被激怒了，提高嗓门说道："我正在写一篇关于情绪智力的文章。我可没时间关心那个！"妻子难以置信地盯着我。这时，我靠在椅背上笑了起来，因为我俩都意识到，我刚才严肃地对她吼出的那些话是多么荒谬。

当我们提出正确的问题时，人们会积极地打开学习的大门。

显然，在与妻子的互动中，理查德把注意力放在了错误的事情上。如果他无法在和妻子的交流中运用这些技能，他又怎么能向读者传授情绪智力方面的知识呢？这是一个关于注意力的典型问题。[6]我们需要集中精力完成任务或分析现状，但当我们处于专心致志的状态时，就会忽略甚至无视周围发生的事情。就像向北方望去时，我们可能看不到一只正在向南飞的鸟一样，关注于公司内部的生产效率，我们可能就察觉不到竞争对手推出的新产品将威胁到我们的一条主打产品线。专注于处理更多的电子邮件，我们可能就看不到女儿很伤心，需要一个拥抱。

当这样的专注成为我们的典型行为时，它就变成了一种习惯，而习惯是很难被打破甚至影响的。尽管它们不像吸烟、喝咖啡或下班后喝几杯啤酒那样具有生理上的成瘾性，但只关注我们所处环境的某些方面（如工作或某种嗜好）而忽略其他（如我们自身的健康、伴侣或孩子），将会限制我们的视野，让我们变得盲目，对于在特定情况下最重要的事情视而不见。

与任何形式的帮助行为一样，教练也是一种对关注点的追求。但我们提倡的是关注他人（在管理学领域中即"下属"，在教育学领域中即"学习者"）的教练，而不是专注于某些外部议程（强调"指导"或"教学"本身）。因此，最优秀的教练会通过引导对方的注意力来帮助对方意识到自己的感受，意识到自己周围的人，以及对方可能会忽略的方方面面。这种关注会帮助对方进入一种PEA的体验或状态，在这种神经、激素和情绪状态下，我们会更开放地接纳新的想法、他人、道德考量等，并能够通过环顾周围环境，注意到模式或氛围。如果我们要学习或适应新的行为和行动，这种开放性似乎必不可少。

然而，正如书中所示，人们试图帮助或教练他人时最常用的方式，与上文所述完全相反。我们每天都能在组织中看到，由于大多数的组织文化倾向于过度强调逻辑分析，员工们的大脑持续在 NEA 的状态运转，导致不同程度的认知、感知和情绪障碍。

在之前的事例中，理查德的情况就是如此。写论文时，他几乎没有注意到妻子走进了他的书房。他的眼睛、耳朵和所有感官都集中在电脑屏幕中的文字上。此刻，他正在预想学术审稿人的批判性意见，并绞尽脑汁试图避免或减少他们的愤怒之火。他同时也感到兴奋不已，因为他和同伴们的研究揭示了情绪智力是如何影响工程师工作效率的。[7] 所有这一切都在理查德的脑海里激烈地翻涌着，促使他更专注在电脑屏幕上，削弱了他感知房间内其他事物的能力。从本质上来说，那一刻的理查德存在感知上的缺陷，导致他无法与心爱的人进行积极的互动。由于明显处于 NEA 的状态，他很可能缺乏创造力，也无法在撰写研究论文的同时调用正常水平的认知能力。

另一种错误的关注形式是表达同情而不是同理心，即为他人感到难过，而不是试图去理解他们。我们将在第 7 章讨论同理心的几种形式。表达同理心只是属于我们所说的同理心行为的一种。19 世纪的探险家大卫·利文斯通（David Livingstone）曾说过："同情不能代替行动"。对他人的过度同情，可能会导致他人产生消极情绪，关注自身问题而不是未来的可能性。[8]

唤起 PEA

作为把注意力放在受助者身上的人，你需要问一些问题来了解他的想法和感受。正如下面的对话所示，在正确的时间提出正确的问题，可以产生巨大的影响。

按照社会的标准来看，达里尔·格雷沙姆（Darryl Gresham）已经颇有成就：他在一家中等规模的公司担任信息技术副总裁，也很热爱这份工作；他和女儿关系融洽又有爱，还能在经济上支持女儿上大学和读研究生；虽然达里尔有女朋友，但他和前妻的关系依然友好；他还积极参加全国性的守信者组织和当地教会的活动。与大多数儿时的朋友相比，他似乎活在梦想的生活中。在他成长过程中所在的那个克利夫兰（Cleveland）艰苦的社区里，并没有多少人能成为企业副总裁。

达里尔步入了一个让他感到些许焦虑的人生阶段，于是他报名参加了一个领导力课程。课程内容之一是有机会与教练对话，对他未来的抱负和情绪智力行为360度评估后的结果进行讨论，并将这些全部转化为未来5～10年的详细学习计划。[9] 每位高管在一开始都要撰写一篇关于个人愿景的文章，教练将在见面交谈之前审阅。

教练发现达里尔的文章与众不同。他并没有按照要求去全面阐述生活中的方方面面（个人关系、家庭、社区、精神和身体健康，以及工作状况），而是把内容都集中在他的家庭和社区活动上。在课程中所有想要快速提升领导力的高管里，他却对自己的工作和未来的职业规划只字未提，这是极其不寻常的。教练给达里尔发了一封电子邮件，开玩笑地问他，之所以这么不在乎工作是否是因为有一笔丰厚的信托基金。但教练心里的猜想是，有什么事情阻碍了达里尔探索自己理想的职业前景。也许他感到自己陷入了困境，或者遭遇中年危机，失去了早年工作时的那种激情。

当他们见面时，教练让达里尔描述他的梦想和对工作的憧憬。达里尔表现得一脸茫然。于是，教练询问他对理想未来的近期愿景。沉默了很久之后，达里尔只是耸了耸肩。这时，教练想起了一个用来激发人们思考自己的梦想和愿景的特定练习。"如果你中了彩票，比如 8000 万美元，"他问道，"这会对你的工作或生活产生什么影响？"

达里尔很轻松地回答了这个问题。他会留出足够的钱供女儿完成大学和研究生学业，还会为前妻设立一个基金。

"对于你的工作会有什么影响呢？"教练问。

达里尔毫不犹豫地说："我会开着越野卡车周游全国。"达里尔 20 多岁时曾在道路包裹系统（Roadway Package Systems）公司工作过，因此他对驾驶越野卡车情有独钟。

从教练的角度看，达里尔的描述似乎更像是一种逃避的幻想，而不是一个真实的梦想。教练确信自己还没有触及达里尔的 PEA，那应该是一种重要的积极状态，可以引导他敞开心扉，想象自己所期望的未来。但后来教练才发现，达里尔确实想要逃离工作，因为这部分的生活已经变得枯燥和无聊。此外，他在工作中遭到种族歧视，这成了一种持续的负担，甚至和教练沟通此事都很困难。

在课程中与达里尔约谈时，教练尝试了一些具体的练习。当他让达里尔描述自己的"人生愿望清单"和"梦想的工作"时，得到的反馈都是茫然的目光。达里尔陷入了困境。教练很确定，这是他的 NEA 领域。

教练决定从另一个角度来探讨这个话题。"让我们来做个梦吧，"教练说，"你刚刚度过了美好的一周。你回到家，给自己倒了杯酒，然后面带微笑坐了下来。你觉得自己在过去的一周里出色地完成了重要的工作。"教练停顿了一下，让达里尔进入幻想的场景中。教练看到他脸上的表情放松了下来。

教练继续问："会是什么事让你感到如此有成就感？"

达里尔毫不犹豫地说："在市中心教高中的孩子们，让他们认识到电脑可以成为他们获得自由的工具。"忽然之间，达里尔的整个行为举止都改变了，他的眼睛明亮了起来，身体前倾，交谈的语速比教练这几个月听到的都要快。他进入了 PEA 的状态中。梦想中的情景突然变得清晰而全面。这种兴奋感是具有感染力的，教练可以看到并感受到达里尔刚刚顿悟了，发展的潜能也被打开了。他谈到他将如何在晚上或周末到当地高中开展工作坊，以及在当地公司为高中生提供 IT 实习机会。这就好像大坝开闸一样，各种想法源源不断地涌现了出来。他对自己的职业生涯和未来的看法变了，从"经历过、做过"转变成了"哇，我迫不及待地想要开始了"。达里尔现在拥有了一个梦想，关于他可以成为什么样的人、做什么样的事。甚至，他对如何实现这个梦想已经产生了一些很好的主意。

但是，紧接着，就像被水浇灭的火焰一样，他的表情再次变得消极，他说："不过，我不能这样做。"教练问："为什么呢？"达里尔回答说，他需要赚钱来供养自己的女儿和前妻，以及维持他现在的生活水平。他甚至为自己有那样兴奋的感觉而感到内疚。

教练问他为什么认为追求梦想需要孤注一掷。达里尔转过头来，一脸疑惑。教练说："你不需要为了这个梦想而放弃你的日常工作。把它作为兼职如何？你可以每月一天，甚至每周一天来做这件事，怎么样？你觉得你能够在高中母校开展工作坊的同时，还能完成你目前的所有工作吗？"

达里尔又恢复了充满希望的神情。他微笑着说："当然可以！"随后，他又花了 15 分钟的时间进行头脑风暴，思考用不同的方法来实现这个梦想。

几个月后，达里尔打电话给教练，说他被邀请去当地一所社区大学教授一些 IT 课程。他欣然接受了这个机会，在工作之余作为老师授课。在后续与教练的交流中，他描述了自己的一些行动，包括在离家乡更近的地方找了一份工作以便照顾生病的母亲。新工作的内容是兼并和收购，他干得很卖力。几年后，他就晋升到了国际物流部门。

虽然达里尔还没有开始在高中开展工作坊，但他通过积极指导在他们公司担任各种职务的年轻人，让这个梦想得以延续。他注意到，这中间有许多人需要基本的生活技能，比如理财。所以，达里尔在他的公司组织了工作坊，教授这些生活技能和职业技能。所有这一切都是在工作之余开展的，而且得到了公司的认可。达里尔注意到自己的另一个有趣的变化是，他的兴趣已经扩展到了帮助工作场所的所有年轻新员工，无论他们的种族或社会经济背景如何。现在，他期待着在该地区的社区大学正式教授一些课程。

————

让我们回顾一下这个过程：教练面临的第一个挑战是想办法把达里尔带入 PEA 的状态。只要达里尔还受困于 NEA，他就无法看到自己的可选项。他的大脑实际上是在与自己作对，通过自我防御来保护他免受潜在的有害想法或梦想的影响。但是，一旦教练找到了帮助达里尔唤起 PEA 的方法，就像由认知和情感筑成的一座混凝土大坝决堤了一般，他的想法就源源不断地涌现了出来。这个时候，达里尔已经准备就绪，也渴望在生活的各个方面继续向前迈进。进入 PEA 的状态后，他感受到能够用可行的、充满希望的方式来实现自己的梦想，这让他能够利用自己的才华找出实现梦想的最佳方法。

这就是教练如何用各种各样的方法来唤起 PEA，并最终找到了在那一刻对达里尔有效的方法。最重要的是，教练必须克制自己想要"修正"达里尔的冲动，而这需要耐心和谦逊，甚至还要在等待达里尔厘清自己的想法并分享出来之前保持沉默。（我们将在第 7 章中更详细地讨论最能唤起 PEA 的问题。）这就是教练如何创设一个转折点，帮助达里尔从 NEA 状态转变为一个开放的 PEA 状态。一旦达里尔确定了自己的前进方向，他就会重新感受到自己的激情，浑身充满着焕然一新、安全、开放、甚至是好奇的感觉。他可以进行一些尝试来分析它们的可行性。因为拥有了一个具有指导性的愿景，让他可以在自己的控制之下进出 NEA 状态。所以，在达里尔开始制订计划之前，他需要先阐明自己的梦想。

这样看来，PEA 是一种让你开放地接纳他人和新想法的体验，但它也是一个转折点，可以让改变进程来到一个新阶段，或在意识提升方面更上一层楼。从学术上讲，转折点是一种相变，就像冰块从固体状态转变为流动的液体状态一样，冰块开始融化的温度就是一个转折点。

遗憾的是，当人们试图帮助他人时，情况并非一直如此。

当帮助者阻碍了积极改变

通常，在教练约谈开始时，受助者往往处于沮丧的状态，可能需要花一些时间来发泄情绪或表现得无精打采，就像我们在达里尔·格雷沙姆身上看到的那样。在这种情况下，教练表现出的同理心十分重要，这样对方就会知道自己得到了支持。但是，许多培训项目在教导助人者时却过于极端，从只是确认对方感受转变成了 NEA 的助推者。让对方陷入 NEA 中，并不是在提供帮助或支持。受助者感到的压力非但没有减轻，反而逐渐增加，并且形成了认知障碍，更不愿意接受改变和学习的新想法。

以一个日益严重的公共策略问题为例——肥胖症及与之相关的胰岛素阻抗和 2 型糖尿病。如果你曾有肥胖方面的困扰，我们相信你可能已经尝试过节食减肥了，或许还尝试过好几次。对大多数人而言，节食带来的体重变化会让自己感到快乐，但在接下来的几个月或几年里，他们的体重又会反弹。为什么呢？因为大多数节食的方法所带来的益处都是暂时的。研究表明，如果你尝试减重，你很可能无法维持自己瘦下来后的体重，困难在于"减肥"本身是一个消极的目标。想要限制或改变你的饮食结构和食量需要很强大的自控力，这就会激活 NEA 并产生压力。[10] 无论你多少次告诉自己"我需要这样做"，都很难长时间坚持这样的计划。

医生和护士通常不会在寻求行为改变方面提供什么帮助。他们很容易受到自身意图的影响，并试图告诉对方应该做什么。这会引入更多的 NEA，而非 PEA，助人者也就变成了糟糕或不恰当行为（起码是不太受欢迎的行为）的推动者。如果医生曾经告诫过你，你的病情需要你在行为上做出改变，你离开诊室时很可能感到忧虑，也许还会伴随着沮丧和担心。在美国和世界各地，2 型糖尿病患者的治疗依从性约为 50%。[11] 这意味着人们只做了医生或护士告诉他们要做的一半的事情。人们怎么会如此愚蠢呢？

NEA 是罪魁祸首。一旦处于 NEA 之中，你就会在一种受压迫的精神状态下挣扎。你的身体想要保护自己，你会想说："算了！我就是想吃那个甜甜圈！"而在那一刻，你其实并不需要甜甜圈。反之，若要开启一段变革或学习之旅，你就需要进入 PEA 中。不过，单靠你自己很难做到这一点。这就是为什么最好的教练会学习如何帮助人们进入 PEA 中，让其感受到希望，并开始改变的过程。杰尔姆·格罗普曼（Jerome Groopman）和阿图·葛文德（Atul Gawande）这两位杰出的医生曾撰写过关于希望在医疗情境中起重要作用的文章。即使在姑息治疗的情况下，也可以有希望——不一定是奇迹般地痊愈，而是在病人剩余的时间里提高其生活质量的希望。[12]

如何引入积极吸引因子

正如我们在达里尔·格雷沙姆的例子中所看到的，教练和其他诸如管理者、家长、教师等人，可以使用许多方法来帮助他人体验到有希望的感觉，从而成为一个 PEA 的转折点。这些方法包括询问对方的梦想和愿景、运用同理心、使用情绪感染、练习正念、开玩笑、在大自然中漫步，以及建立一种共鸣的教练关系。

梦想和个人愿景

引入 PEA 的第一个方法是让他人对未来充满希望。你可以通过询问他人的梦想和个人愿景来做到这一点。一项功能磁共振成像（fMRI）研究表明，花 30 分钟和一个人谈论他的愿景或梦想，就能激活与想象新事物相关的大脑区域并产生更多的 PNS 活动（本章前面描述过的副交感神经系统，与敬畏、喜悦、感激和好奇等情绪相关）。[13]

运用同理心

另一种能激活 PEA 的强烈情绪体验来自被他人共情或对他人表达同理心和关心。我们可以通过帮助那些遭遇不幸的或需要帮助的人体验到这一点。我们也可以通过感激他人对我们的帮助而感受到同理心。正如我们在第 2 章所讨论的，反思那些在你的生命中帮助过你的人，会唤起你的感激之情和 PEA。与他人谈论这些关系，会让 PEA 的体验变得更加强烈。身处一段充满爱的关系，是在日常生活中保持同理心的另一种有效方法。同理心能够让我们去关心他人。这种关心会让我们脱离自己的世界观，对另一个人的体验完全感同身受。这已经超越了情绪上的共情，而是真的想要有所行动。人们经常报告说，当自己感到被他人关心时，他们会把这种感觉回馈给对方，并且还会更加关心对方。

最早记录在案的唤起同理心的方式之一是养宠物，比如养狗、猫、马或猴子（养鱼或养鸟似乎没有什么效果）。通过抚摸它们，你可以唤起自己的 PEA。[14] 这实际上是从刺激宠物的 PEA 开始的，由于潜意识层面的情绪感染，它会迅速传递到你身上，即正在抚摸宠物的人，然后又传递回宠物身上，如此反复，形成一个正反馈循环。

理查德·博亚特兹和安妮·麦基的早期著作《共鸣领导力》（*Resonant Leadership*）一书中，讲述了马克·斯科特（Mark Scott）的故事。他是一家抵押贷款银行的年轻高管，想要帮助母校佐治亚大学（University of Georgia）的一个知名足球队。[15] 他找到里希特教练（Coach Richt），提出了想让他们为一个贫困家庭创建"仁爱之家"（Habitat for Humanity house）的想法。在取得非常好的效果之后，球队决定每年建立一到两个仁爱之家，并把这个想法推广到佐治亚大学的其他运动队，甚至该地区的其他学校。这不仅仅是一次公关举措，也不仅仅是球场外的"团队建设"，它给了球员们一个帮助他人的机会。这种通过运用同理心而获得的 PEA 体验，帮助大学球员们走出自我，去关注他人——不是关注队员们，也不是关注他们的对手，而是关注来自他们所在城镇的一个家庭，一个他们在参加仁爱之家项目之前可能并不认识的家庭。

研究重点

研究表明，压力会激活交感神经系统（SNS）。[16] 无论这个压力是恼人但轻微的，还是严重的，都是如此。当你焦虑时，你的身体会分泌肾上腺素（adrenaline）和去甲肾上腺素（noradrenaline），其剂量水平相当于血管收缩剂的作用。这会将血液从远端毛细血管和四肢输送到生存所需的大肌肉群（肾上腺素输送到手臂，去甲肾上腺素输送到腿部）。结果，你的脉搏加快、血压升高，呼吸变得更快、更浅。身体还会分泌皮质类固醇（corticosteroids），并最终进入你的血液中。除了作为一种天然的抗炎物质，皮质醇还会削弱免疫系统的功能，并抑制神经的生成。长期的、恼人的压力（比如在一个苛刻的或令人不愉快的老板手下工作）会导致你的身体被激活并准备自我防御，但也会导致认知、感知和情绪上的障碍。

相反，研究表明副交感神经系统（PNS）会激活更新过程，包括刺激迷走神经，分泌催产素（oxytocin，主要发生在女性身上）和抗利尿激素（vasopressin，主要发生在男性身上）。在这个剂量水平下，它们的作用都相当于血管扩张剂，促进你的血液流动；因此，你会感到更温暖，血压和脉搏频率下降，呼吸变缓、变深。你让你的免疫系统最大限度地发挥了其功能。如果没有这种规律的、周期性的更新体验，长期的压力将会让你的身体机能和行为表现无法持续。

情绪感染

我们的大脑天生就善于捕捉周围人的情绪，但若是感知到消极情绪，就可能会激活交感神经系统，使人产生防御心理。除了患有自闭症谱系障碍的人，其他人都是如此。有的人可能已经具备一些技巧来屏蔽这些信息，就像理查德在妻子对自家院子里的前置式装载机发表看法时所做的那样。但这个大脑神经环路仍然存在。

提到感知他人内心深处的感受，令人惊讶的地方并不在于我们都具有某种过去被称为"心灵感应"的能力，而是它的发生速度如此之快。心理学家约瑟夫·勒杜（Joseph LeDoux）的研究结果表明，威胁信号从我们的五种感官传递到杏仁核大约需要 8 毫秒的时间。[17]这远远低于人们能够觉知或意识到的时间，通常认为大约需要 500 毫秒或半秒。[18] 这就是为什么教练在希望帮助他人之前要关注自己的情绪并照顾好它们，这点尤为重要，因为情绪感染是一个真实存在的现象！

马克·斯科特就在使用积极的情绪感染来帮助团队建立目标感和关怀感。教练和其他助人者一直都是这样做的。但教练自己的感受可能会传递与他们的意图相违背的情绪。如果教练还在为与伴侣的争吵而烦恼，那么不管话题是什么，这种消极情绪都可能会影响到被教练者。

正念

另一种获得 PEA 的方法是通过正念：融入并觉察到你自己、你周围的人和自然环境。这是专注于你所处的整体背景。几十年前，人们对压力大的人的建议是花点时间去"闻闻玫瑰花的芬芳"。如今，过度劳累的人可能会练习冥想、祷告或瑜伽，或者定期做一些重复性的体育锻炼，比如跑步。关键是通过使用这些技巧来集中注意力，从而唤起 PEA。养一缸鱼可能也会唤起 PEA，也就是说，长时间对鱼进行观察可能会让你进入一种冥想状态。

开玩笑

几年前，我们看到越来越多的研究表明，玩笑、喜悦和大笑会激活副交感神经系统，进而唤起 PEA。我们的朋友法比奥·萨拉（Fabio Sala）在他的博士论文中指出，最有可能产生这种积极影响的幽默形式是自嘲式幽默，而不是取笑他人。[19] 例如，回想一下你和朋友或家人参加活动时一起开怀大笑的情景。当离开这个活动时，你有什么感受？

我们猜想这种玩笑形式之所以有效，是因为它在展示我们自身的谦逊和弱点的同时，降低了威胁度。通过开玩笑、大笑，我们让它看起来不那么严重。PEA 的刺激可能会让我们看到整体背景或全局视角，而不是关注在消极的时刻。

在大自然中漫步

最近新发现的似乎能激活副交感神经系统（进而唤起 PEA）的活动是在大自然中漫步，也许是因为它能促进人们进入正念状态。[20] 在树林里散步（假设我们不发短信或查看电子邮件）会扩展我们对周围世界，诸如自然、动物、天气的感知和感觉。这是一个不断扩大的认知圈层。

共鸣的帮助 / 教练关系

除了希望帮助他人进入 PEA 的状态之外，引入或唤起 PEA 的方法也能够促进那些有共鸣的、更有效、更持久的人际关系。这告诉我们，教练或其他助人者与被教练者之间的关系质量至关重要。与教练合作和请会计帮你报税并不相同，教练过程需要双方都感到安全，并对各种可能性持开放态度。

我们发现，人际关系的三个特质对帮助他人获得动力、促进学习和改变具有持久的影响：共同愿景、分享同理心、共享关系能量。我们的好友兼同事凯莉·罗奇福德（Kylie Rochford）研究了人际关系的各种特质，发现这三个特质对关系中的双方（或团队中的所有人，或组织中的大多数人）都是必不可少的。[21] **愿景给我们带来了希望；同理心给予我们一种被关心和关怀他人的感觉；关系的能量赋予我们耐力和毅力（也就是勇气）。**

————

尽管当你专注于帮助他人时，唤起 PEA 似乎是反直觉的，但这是唤醒一个人学习和改变动力最有效的方法。在第 5 章中，我们将深入探讨 PEA 和 NEA 在大脑中发挥的作用，并分享我们关于唤起 PEA 与 NEA 两种不同教练模式背后的神经科学研究的见解。我们还将探究在唤起他人的 PEA 后会发生什么：助人者和教练需要注意这个人接下来呈现的动态变化。这就是在人类的生存本能和对发展的渴望之间寻找平衡的问题。

愿景给我们带来了希望；同理心给予我们一种被关心和关怀他人的感觉；关系的能量赋予我们耐力和毅力（也就是勇气）。

深化学习

1. 问他人一个积极的问题会唤醒积极情绪吸引因子（PEA），激活大脑中的特定网络，从而触发**副交感神经系统**的激素（更新效应）。问他人一个消极的或引发防御性反应的问题，会唤醒消极情绪吸引因子（NEA），激活大脑中的不同网络区域，从而触发**交感神经系统**的激素（产生压力）。

2. PEA 既是一种开放接纳新思想的状态，也是持续的、期望的变革路径上的一个转折点。同理心教练（也就是唤起 PEA 的教练），可以同时达成这两个目的。

3. PEA 是一种副交感神经系统被唤醒的状态，人们会感到有动力、充满希望。NEA 是一种交感神经系统被唤醒的状态，人们会感到消极、具有防御性或是充满恐惧。

4. 无论是积极情绪还是消极情绪，都是会传染的。这种情绪感染以极快的速度传递（通常在几毫秒内），而且主要是在人们的潜意识下传递。

● 反思与应用练习

　　在接下来的一周里，每天观察并记录三次自己的情绪（最好是在早上、中午和晚上）。记下你在那个特定的时间正在做什么，以及你当时的感受。不要列举具体细节，而是关注你的情绪状态——你是否感到高兴、愤怒、悲伤、兴奋或其他情绪，即便是你不确定自己在那一刻的情绪状态也可以记录下来。在理想情况下，到周末你已经记录了大约 20 个情绪状态了。分析这些记录并找出其中的模式。你注意到自己的积极情绪和消极情绪的比例了吗？

对话指导 ●————————————————————————

1. 与他人讨论，你是否发现自己受消极情绪支配的情况多于积极情绪。你是否有时会因为消极的内心独白而感到沉重的压力？你能克服它们吗？是什么帮助了你？

2. 与他人分享，你在社交、职业和组织生活中处于积极情绪状态的时间有多长。处于消极情绪状态的时间又有多少呢？

3. 与他人一起观察，看看自己是否有能力将他人从消极情绪状态转变为积极情绪状态。如果能这样，你是如何做到的？或是如果反着来的话，你把他们带入消极状态了吗？

4. 与他人讨论，你在生活中感到压力最大的时刻是什么时候。无论是在工作、家庭还是休闲娱乐方面，你和周围的人的关系是怎样的？你有没有把工作压力带回过家里，或者把家庭的压力和情感包袱带到了工作场所？

5. 与他人分享，你认为有助于在生活中减轻压力或促进更新过程的价值观或一些具体的行为。

6. 向他人描述，你过去或现在最任务导向的时刻是什么时候。也就是说，回想一下你的思维被解决问题、做决策和"努力完成任务"所支配时，有没有人曾经抱怨过你处在那些时候的行为？当你回顾那些时刻时，有没有因为过于任务导向而错过或没有尽情享受一些事情？

第 5 章

生存与发展
大脑中的战役

生存，意味着能够存活下去并发挥作用和工作。这不单是一个简单的生物过程，甚至能上升到情感和精神的维度。在最原始的定义上，生存意味着我们的身体继续运作并维持呼吸、饮食、睡眠等。我们又度过了一天！然而，大多数人都会认为，这似乎是一种糟糕的生活方式和无聊的，甚至压抑的工作方式。（当然，这样活着也远远胜过死亡！）正如我们将在本章中阐述的那样，在一些教练场景中，我们的确需要从纯粹的生存需求开始。

但是作为人类，大多数情况下我们不仅渴望生存，还期待着发展。所以我们**同时**需要积极情绪吸引因子（PEA）和消极情绪吸引因子（NEA）。对于蛇来说，它的生存严重依赖于 NEA，我们猜想 PEA 在它们的生活中即使有作用，也只是微乎其微。[1] 但是，人类的情况则全然不同。我们需要唤醒 PEA，才能感到有动力去成长或改变，去寻求快乐和去玩耍。正如我们在第 4 章中所描述的，PEA 通过激活能够缓解压力的激素，让我们产生安全、希望甚至愉悦的感觉，从而获得成长。然而，我们也需要 NEA，因为它通过激活应激激素反应来帮助我们生存下去，在特定场景下要么战斗，要么迅速逃离，要么准备好采取防御姿势。NEA 还能帮助我们提高认知和情绪方面的专注力，从而使我们的精神和身体都能敏锐地完成任务。当我们作为教练、管理者或其他类型的助人者试图去帮助他人时，我们可以引导他们同时体验 PEA 和 NEA，并帮助他们在生活和工作中找到 PEA 和 NEA 之间的最佳平衡点。

最高效的平衡点是会随着时间的推移和情况的不同而变化的，因此，教练、管理者或老师应当注意个人的环境和经历随时间而产生的变化。困境在于，一个人一旦处于 NEA 之中，他就可能会因为"看不到"出路而感到困顿。这将阻碍其采取进一步的行动，以及任何自发地转向 PEA 的机会。同理可知，这意味着教练或其他助人者对于激励改变、学习和发展至关重要，他们可以帮助被教练者学会在 PEA 和 NEA 之间来回切换，并且主要让自己处在 PEA 中。

在本章中，我们将进一步研究这种 PEA 和 NEA 之间的快速切换如何能够达到一种平衡的状态，帮助人们追求持续的、期望的变化。为什么会这样？因为 PEA 既是一个通过意向改变理论（ICT）帮助人们进入下一阶段变革的转折点，又是个人对新的思想、情绪及其他人持开放态度的心理生理状态。本章还将深入探讨支持这些观点的脑科学研究，包括我们对唤起 PEA/NEA 的教练背后的神经科学研究的见解。此外，我们还将探究在唤起个体的 PEA 之后会发生什么——教练和助人者需要关注这个人接下来会出现的变化，以帮助他继续向前迈进。这就是在人类的生存本能和对发展的渴望之间寻找平衡的问题。

为了生存而教练

在帮助他人时，有时我们可能需要从纯粹的生存需求开始（发掘 NEA）。比如当一个人身患疾病或受伤后需要医疗护理，却拒绝接受他所需要的帮助时。这时我们可能没有时间去调查潜在的原因，或者帮助患者把现状置于一个长期愿景下进行思考，因为患者现在需要立刻得到帮助。但即便是引导他人如何生存的教练，也需要一些 PEA。[2] 试想一下，某人正在忍受病症或伤痛的折磨，如果教练把接受医疗护理的任务定义为她**必须或应该**做的事情，就有可能适得其反。这就是服从式教练，正如之前所述，这将会唤起 NEA——对于那些没有及时就医的人来说，可能会引发其他身体方面的问题。这就是为什么即使人们在一开始需要 NEA，也必须用一些 PEA 进行平衡，以保持自身的乐观和动力，在这个例子中，也就是让患者更有可能服用药物或接受康复所需的治疗。[3]

以鲍勃·谢弗（Bob Shaffer）的情况为例。[4] 作为五三银行的首席审计师和执行副总裁，鲍勃的工作充满挑战和刺激，不过他做得非常出色。但在参加了雇主提供的一个领导力课程后不久，他意识到自己想要做出一些重要的改变。在与一位来自凯斯西储大学的教练的对话中，鲍勃反思了自己在生活上的平衡，具体是指他在思想、身体、心灵和精神方面的平衡，我们认为这是任何更新过程的四个关键组成部分。[5] 鲍勃总结道："在这些方面，我都失去了平衡。"

鲍勃在大学里经常参加橄榄球赛，那时他的身体素质处于巅峰状态，而在 20 年后，他感受到了这份需要大量精力和时间的工作给他带来的影响。工作之余，他的生活主要是以妻子和三个女儿为中心。体育锻炼排在了这些个人和职业承诺之后，结果他发现自己比理想体重多了 100 磅[⊖]。无论是作为高管还是普通人，他都能感觉到这种现状在损耗自己的精力和威胁自己的生存能力。虽然这看起来只是健康问题和他之前面临过的各种挑战的表征，但鲍勃知道，在某个时刻，他必须鼓起动力去减肥，否则可能会有缩短寿命的风险，牺牲与他深爱的人在一起的时间和经历。

这显然唤起了鲍勃的 NEA，即求生本能。但教练知道，如果鲍勃有任何希望贯彻他认为必须做出的改变，她也将必须唤起他的PEA。这就是为什么教练一开始就要求鲍勃对未来 10～15 年的理想生活（和工作）设立愿景。正如鲍勃所描述的那样，这是他职业生涯中第一次被要求"不仅关注自己的工作技能，更重要的是关注自己作为一名领导者的个人发展"。"这是我第一次觉得在工作场合谈论自己是可以接受的。"

⊖ 1 磅＝0.453 6 千克。

　　尽管鲍勃知道他想要的是在生活的方方面面都达到更平衡的状态，但他还是决定从致力于改善自己的身体健康状况开始。听说朋友们都聘请了一位优秀的私教，于是，他第二天就打电话联系了这位私教。就像鲍勃的教练一样，这位私教问他想要达到什么目标。"我想和我的妻子、三个女儿一起健康长寿，陪伴女儿们步入婚姻殿堂。"他继续补充道，"我还想参加本地的 10 千米赛跑。"鲍勃的妻子是一名跑步爱好者，通常他都会在比赛终点线等着妻子，而现在他想和妻子一起参加比赛。他说："我也想为家人树立一个积极的榜样。我想减掉 100 磅！"

　　此刻，鲍勃是世界各地数百万人中的一员。在发达国家和发展中国家，存在肥胖问题和检出 2 型糖尿病的人数都在不断增加。对于鲍勃来说，他的生存需求得到了清晰的个人愿景的指引，以及一位高管教练和一位私教的支持。这改变了他未来的状况。在接下来的一年里，鲍勃取得了一些惊人的成就。他每周锻炼 6 天，减掉了 105 磅，并与妻子成功完成了 10 千米长跑。在员工和同事看来，鲍勃展现出了全新的活力。他真的变了，而且非常明显。他的第一位教练来自凯斯西储大学的课程，他们合作了一年；后面一位教练来自五三银行的内部教练团队。两位教练都是鲍勃的主要支持来源。正如他所言："我以前从来没有在高管培训课程结束后接受过后续的教练辅导。但它真的承担起了这种责任……把你在课程中感受到的兴奋和激情一直保持了下去。"他的教练强调了要时刻关注着改变的意图，所以鲍勃经常把意图写在纸上。"我坚信拥有个人愿景和个人平衡表非常重要，"他说，"我会不断地审视并完善它们。"

　　7 年后的今天，唤起 PEA 和个人愿景对鲍勃的持续影响力是显而易见的：他继续维持着减轻后的体重（即净减重 80 磅），和妻子坚持定期锻炼，继续每周 3 次去和教练谈谈。鲍勃仍然会和教练讨论那些让他产生新见解的时刻，以及设立个人愿景是如何成为他人生中令人兴奋的转折点。鲍勃在工作上的转变也同样让人印象深刻。他现在是银行的人力资源总监，这是一份更符合他兴趣和激情的工作。一旦他解决了自己的健康问题，可以为自己设想一个更积极、更有希望的未来之后，他就更有信心胜任这份工作，并希望把自己的热情和高参与度带给整个银行。在新的职位角色上，他能够把员工置于所有活动的中心地位（而不是服从性地参与活动），他周围的人也做出了积极的回应。这样的 PEA 引发了更多的 PEA！

做出需要自控力的改变是一件极具压力的事情，往往会耗尽我们体内的能量储备，[6] 但有时却是必要的。我们的朋友兼同事安妮塔·霍华德（Anita Howard）说：“改变是艰难的，持续性的改变并不总是一种积极的体验。”在教练和研究的过程中，她逐渐确信 NEA 对于成功的变革和成长至关重要。[7] 她的父亲是一位杰出的牧师，也是华盛顿特区南方基督教领袖会议（SCLC）分会的负责人，他的教堂是推动美国种族平等运动的一个重要集结地。在许多时候，民权运动的领袖们，如马丁·路德·金（Martin Luther King Jr.）、拉尔夫·阿伯内西（Ralph Abernathy）、安德鲁·杨（Andrew Young）、杰西·杰克逊（Jesse Jackson）、菲利普·伦道夫（A. Phillip Randolph）、贝亚德·拉斯廷（Bayard Rustin）、约翰·刘易斯（John Lewis）等人，会聚集在美国国内不同的地方讨论策略。安妮塔从大约 13 岁开始就跟随父亲旁听这些集会，她还记得听到那些对话时的感受。例如，当他们计划 1963 年华盛顿大游行时，“我所了解到的是”，她说，“他们作为黑人，在当时充斥着种族隔离的美国面临着种种威胁和危险，从而导致其在生存上受困于 NEA 的环境中。但他们之所以能够应对社会变革的艰巨挑战，是因为他们始终坚持自己的核心价值观和信念，如对美国宪法的信仰，对人道主义的信仰，以及坚信所有儿童（无论来自什么种族或部落）都应该拥有一个更美好的世界。这也为他们的战略规划和非暴力方法的使用提供了依据。"因此，尽管 NEA 在安妮塔旁观的会议中发挥着重要作用，但她表示，正是这种共同的愿景才真正地为变革的持续提供了背景和主导力量。

为了更多地了解 NEA 以及 PEA 是如何与之相匹配的，让我们看看当这两种机制中的任何一种被唤醒时，大脑中究竟发生了什么。

大脑中的战役

几年前，数字产业开始讨论**"思维占有率"**（mindshare）这个概念，即你的大脑，你的意识脑在某个事物上投入的程度是多少（或多少份额）。软件、移动应用程序、电子游戏的开发者们当然想要最大限度地提高消费者对其产品的投入度。这其实是"你在关注什么"的另一种问法。他们有了一个重大发现：人们可以把注意力带来的力量集中在某一特定的事物上。

那么问题就来了，你的注意力是否专注在正确的事物上？这是最优秀的教练需要引导人们去问自己的问题。在这个问题的基础上，越来越多的科学研究运用神经成像和神经科学的方法来阐明我们的大脑是如何识别"正确"的事物的。我们的好友兼同事安东尼·杰克（Anthony Jack）在凯斯西储大学的"大脑、思维和意识实验室"（Brain, Mind, Consciousness Lab）领导了一个研究团队，进一步探究了我们的大脑是如何使用两个主导的神经元网络的。他目前认为，最好将这两个网络称为**"分析网络"**（analytic network，AN）（之前也被称作**"任务正激活网络"**）和**"共情网络"**（empathic network，EN）（之前也被称作**"默认模式网络"**）。[8]

以下是这两个神经网络与我们已经了解的 PEA 和 NEA 之间的关系：当一个人的 PEA 由于某种积极的引导或体验被唤醒时，他的共情网络早在体验开始时就被激活了；当他的 NEA 被负面反馈或令人沮丧的体验触发时，分析网络则会在这种体验之初被激活。

但这个系统还有第三个组成部分，即我们在第 4 章中学到的**更新系统**（学术上称作"副交感神经系统"，PNS）和**应激反应**（学术上称作"交感神经系统"，SNS）。这些状态通常是两两相伴的，所以 PNS 通常与共情网络相关，SNS 通常与分析网络相关。但它们也并非总是同时出现。例如，一个人如果发现自己处于"战斗或逃离"的应激反应（SNS）中，他的共情网络或分析网络都有可能被激活，这取决于当时的情境是需要分析性思维，还是共情的思维和感觉。同样地，他也可能在更新系统（PNS）被唤醒时，激活共情网络或分析网络。在研究中，我们最关心的是一个人内心状态的特殊关联性。也就是说，我们如何通过激发积极的（而不是消极的）情绪，同时激活共情网络（而不是分析网络），来唤起自己和他人的 PEA ？我们可以用等式来思考这些组合：

$$PEA = EN + PNS + 积极感受$$
$$NEA = AN + SNS + 消极感受$$

如图 5-1 所示，图中左上象限的实线椭圆部分表示的是处于 PEA 中的心理生理状态。想象一下，在三维空间中，左上象限正从纸面向你靠近。这个椭圆也表示 PEA 可以是温和的（接近中心或转折点）或强烈的（接近椭圆的外缘）。类似地，在"纸面背后"的三维空间中，右下象限的虚线椭圆部分表示的是处于 NEA 中的状态。它处在这张纸的后面，正在远离你。这个椭圆也表示 NEA 可以是温和的（接近中心或转折点）或强烈的（接近椭圆的外缘）。

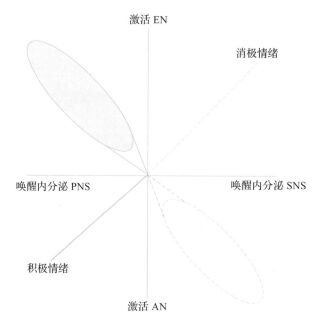

图 5-1　意向改变理论中的 PEA 和 NEA

　　唤醒在大脑中的 PEA 通常有三个过程：①激发积极情绪或消极情绪；②激活共情网络（EN）或分析网络（AN）；③唤醒身体的副交感神经系统（PNS）或交感神经系统（SNS）

资料来源：R. E. Boyatzis, K. Rochford, and S. N. Taylor, "The Role of the Positive Emotional Attractor in Vision and Shared Vision: Toward Effective Leadership, Relationships, and Engagement," *Frontiers in Psychology* 6, article 670 (2015), doi:10.3389/fpsyg.2015.00670.

　　正如安东尼·杰克在研究中反复证明的那样，重点是教练需要明白，分析网络和共情网络几乎没有重叠，是"对立的"。[9]也就是说，它们互相制约。如果分析网络出于任何原因被激活，那么这个人的共情网络就会被抑制，至少在那个特定的时刻是这样的，反之亦然。所以，在第 4 章理查德与妻子的尴尬时刻的例子中，他显然处于分析网络中，而这抑制了他的共情网络（使他无法关注妻子）。

两个网络都发挥着重要的作用，但方式却截然不同。我们需要分析网络来解决问题、分析事务、做出决策和集中注意力（也就是说，限制我们的意识，将注意力集中在某个任务或问题上）；我们需要共情网络来接纳新的想法，审视环境以寻找趋势或模式，对他人、情绪以及道德问题持开放态度（也就是说，真正理解他人的观点，而不是判断是非对错这种分析性的活动）。

例如，生活中可能发生负面的、令人震惊的事情，如自然灾害、心脏病发作、被解雇、伴侣要求离婚，我们有时称之为"敲响了警钟"。[10] 但事实上，这些事情更有可能主要引发我们的应激反应，把我们推入 NEA 中，让我们失去了做出急需的改变的动力。此时，我们的大脑会做出防御性反应，并开始自我封闭。正如我们之前提到的，人们（一些教练，也包括经理、父母、医生、老师）经常试图通过施加压力和提供负面反馈来激励他人。在这个过程中，他们给对方带去焦虑和紧张，但除了短期作用之外，一般无法激励对方做出持久性的改变或学习。

然而，对一些人来说，警钟有时也会成为一种激励力量，促使他们做出改变。当一段消极的经历不仅触目惊心，还会让人们反思自己的价值观，并致力于生活中有意义且积极的事情时，就会发生这种情况。例如，在一场自然灾害之后，你可能希望花更多时间和自己的家人在一起。你可能会意识到，再回复 30 多封邮件或多工作几个小时并不会给你的生活带来更多的意义。如果这段经历唤起了积极的使命感或者核心价值观，那么，这个警钟就激活了你的共情网络，并转化为 PEA 时刻，让你产生了对未来的积极愿景。

研究重点

在文末注释引用的研究中，安东尼·杰克及其同事发现：

1. 当人们处理金融、工程、IT 或物理问题等分析性任务时，会激活大脑中的分析网络（AN）。分析网络使个体能够集中注意力、解决问题、做出决策并采取行动，但它也会关闭这个人对新的想法、可能性和他人的感知。

2. 当人们以共情思维参与社会任务时，如帮助他人或积极倾听、理解他人、与他人争论或向他人寻求帮助，就会激活大脑中的共情网络（EN）。共情网络促使个体能够接纳新的想法、他人或情绪情感，并与他人在个人和道德考量方面同频，但也可能会让人容易分心，无法立即采取行动。

3. 总的来说，分析网络和共情网络都是独立的神经网络，并且在任何时候都会相互抑制。但作为专业人士、管理者和领导者，我们需要同时运用分析网络和共情网络才会有效。关键是我们如何在两个神经网络之间来回切换，而其中的平衡点，则与高智商、健康的心理调适能力和更好的表现力有关。

请注意，由于这两个神经网络对我们在工作和生活中的行为至关重要（即便它们会相互抑制），所以我们认为，卓有成效的教练和其他助人者能够在使用共情网络和分析网络时来回切换，[11] 而且速度非常快，甚至一秒钟都不到。切换所需的时间取决于所涉及的活动，可能延长，也可能缩短。我们还认为，最优秀的教练善于将特定的情况与一个人的大脑网络相匹配，能够帮助对方在最恰当或最需要的时候激活相应的神经网络。

例如，这两个神经网络与不同的学习风格有关联。[12] 在学习过程中偏好抽象概念化的人可能最容易激活分析网络。[13] 相反，偏好于将具体经验作为一种学习方式则与共情网络的激活有关。目前我们还不清楚培训、社交分享、组织文化和个人性格中的哪一项会导致分析网络更频繁或更强烈地被激活。例如，理查德和妻子在那一刻的情况，只是他全神贯注于分析任务以至于几乎对周围人视而不见的众多时刻之一。他把这归结于作为科学家的长期训练，最初是在航空航天领域，后来成为一名研究型心理学家。正如他自己所说的，所有这一切都造就了他的"书呆子气和善于分析的性格"。

由于强调预算、解决问题、项目仪表盘、指标和逻辑分析法，如今大多数组织，无论是公司还是非营利组织，其工作都专注于分析网络的激活。我们观察到，反复使用并精通分析网络的人，会分配到更多的分析型任务。在一个部门内，亚文化的形成并不需要很长时间。于是，这些群体中的人开始将分析网络视为对任何情况都是最有帮助或最密切相关的方法。他们已经变成了逻辑分析法的忠实信徒。从另一个维度来看这种专注于某一个神经网络的情况（即上文中的分析网络和逻辑分析法），在一些组织中，人们会发现分析网络和逻辑分析法将会导致对人的一种物化（例如将人称作"需要利用或最大限度地使用的人力资产"）。[14]

因为分析网络会抑制或限制人们对新想法的开放度，一个在 NEA 方面接受教练的人（如参加教练是为了满足某些特定的工作要求），顶多只能回应给教练几句口头上的敷衍。在组织中，当这种对分析网络的关注与公司的某种自豪感和团队精神相结合时，可能会演变为对竞争的忽视，即由于不关注竞争对手而错过行业的关键动向。[15] 在个人层面则表现为不愿改变和适应，不愿意学习。

就像 PEA 和 NEA 一样，我们也都需要这两个神经网络。如果我们在共情网络上花费太多时间，就可能会分心，在实现特定目标方面进展缓慢；如果我们在分析网络上花费过多时间，可能就会冒某种违背道德的风险。这并不意味着这个人认为自己正在"干坏事"，他通常在大体上也能明辨是非，只是由于专注而忽略了一些事情存在不公平或不公正的可能性。例如，在预算分析时他可能会做出一些权宜之计，但从长远来看这些决定对组织并非最有利的。我们需要共情网络来从他人的角度理解事物，并理解一个潜在的决定将如何影响信任度和关系。[16]

作为一名教练（或管理者、教师、培训师、牧师或其他助人者），你希望在互动过程的早期激活共情网络，以帮助人们开放地接受新想法和改变的可能性。这也会帮助人们进入 PEA 状态，成为进行可持续变化的五大探索阶段（博亚特兹的意向改变理论）的一个转折点，正如第 3 章所述的那样。

更多关于 PEA 与 NEA 教练的详细内容，请参阅"从教练的神经科学研究结果中得到的启示"一栏。此外，在第 7 章中，我们将进一步解释如何增进良好的教练关系。

从教练的神经科学研究结果中得到的启示

凯斯西储大学的理查德·博亚特兹和安东尼·杰克决定试试他们能否解释清楚教练过程中 PEA 与 NEA 体验的神经

机制。[17]他们想知道相较于唤起 NEA 体验的教练，那些与开放性相关的脑区和神经网络是否会在唤起 PEA 体验的教练的对话中得到激活。他们有两个 35 岁左右经验丰富的教练，负责对大学二年级学生（19～20 岁）进行教练。研究对象包括 10 名男生和 10 名女生。

　　在同意参与这项研究后，大学生们会与一名教练进行 30 分钟的对话。第二天，他们又会和另一位教练进行一次约谈。两位教练将分别使用 PEA 和 NEA 的教练方法。为了避免任何隐性的研究偏差，哪位教练使用 PEA 的方法是由随机数字表决定的。学生是先接受 PEA 教练还是 NEA 教练亦是如此。

　　在 PEA 教练的过程中，学生会被问道："如果十年后你的生活是完美的，那会是什么样子？"然后，教练会不断地提问来让学生澄清自己的想法。而在 30 分钟 NEA 的教练过程中，教练会问到这四个典型问题："你的课程学得怎么样？你做完所有作业了吗？你所有的阅读任务都在进行吗？导师指导你的时间足够长吗？"这些并不是特别消极的问题，而且许多人都意识到，这些都是他们的父母或老师经常问的问题。但这些问题都被归类到 NEA 中，因为它们通常会引发学生的负罪感、自卑感和挫败感。

　　每次教练结束后，学生们都坦言，他们认为那个使用 PEA 方法的教练是"鼓舞人心的"和"充满关怀的"，而 NEA 教练让他们感到"内疚和难为情"。3～5 天后，每个学生都要去杰克教授的"大脑、思维和意识实验室"进行 fMRI（功能性磁共振成像，一种揭示大脑不同区域是如何被激活的研究方法）扫描。在他们观看 96 个短视频（8～12

秒）时扫描其大脑的神经活动。每个视频中都有一名教练在陈述一些可以归类为 PEA、NEA 或中立的言论。例如，PEA 的陈述是"作为一名凯斯西储大学的毕业生，你将掌握为工作组织做出积极贡献的工具"；NEA 的陈述是"一般来说，你在凯斯西储大学学习时几乎没有时间去娱乐"；中立的陈述是"你就读于凯斯西储大学"。

当使用 PEA 方法的教练在视频片段中做出积极的陈述（PEA）时，学生的几个与共情网络功能相关的脑区（如伏隔核、眶额叶皮层和后扣带回皮层）被激活了；当视频片段显示的是由使用 NEA 方法的教练做出负面陈述（NEA）时，学生大脑中与分析网络相关的一些区域被激活了。但研究中最重要的发现是，PEA 与外侧视觉皮层的激活有显著相关性，而外侧视觉皮层是负责想象力的关键脑区。这意味着即便是 30 分钟基于 PEA 的同理心教练，也有助于激活相关脑区，使人们对新想法、改变和学习更加开放；相反，哪怕只是 30 分钟基于 NEA 的服从式教练，也会因为激活了相关脑区，导致狭隘、聚焦的思维和防御性的体验。

从生存到发展

如果把生活当作是一系列 NEA 的挑战，我们可能会因为有毅力和韧性而得到加分，但很难坚持长时间的改变和学习。反而把生活变成了一件苦差事，我们只会在迫不得已时才会有所行动。所以，我们需要尽可能多地寻找能够发掘积极情绪（即 PEA，也就是 EN 和 PNS）的方法。

玛丽·图克（Mary Tuuk）做到了。经过多次大胆地在 PEA 中进行探索，她在生活和工作中达到了新的高度。但事情并非一直如此。

刚开始和教练对话时，玛丽（与鲍勃·谢弗类似）是美国中西部一家大型银行的高管。作为首席风险官，她帮助公司度过了金融危机的动荡时期，并偿还了不良资产救助计划（the Troubled Asset Relief Program，TARP）提供的联邦资金。玛丽在风险管理方面的职业生涯颇有成就，但她知道自己想要的不止这些。

在与教练的对话中，玛丽有机会思考理想中的生活，并对未来 10～15 年后的工作进行了展望。当她从自己身上剥离别人的期待、传统的观念和风险管理这份职业后，她为自己重塑了另一个令人兴奋的形象：一位对损益表负责的部门主管（即一个综合管理职位）。她还想更多地关注自己的个人生活，想花更多的时间唱歌，想更经常地去看望年迈的母亲。当她与高管教练讨论这些愿景时，越来越多的想法涌上心头。处于 PEA 中让她打开了新的可能性。她感到越来越兴奋了。

当她与 CEO 分享自己的梦想时，CEO 仔细倾听并感受到了玛丽渴望在公司里进行自我提升和改变的想法。他也知道，玛丽的法学学位和 16 年在银行的工作经验，让她已经准备好担任重要的职务了。他决定把她提拔为该银行在密歇根州大急流城分行的行长。CEO 在做出这个决定时深知这一职位所承担的责任与执行总裁是相当的。但是他认为，这份工作对玛丽来说是一个绝佳的机会和挑战。她必须充分发挥自己的全部才能，并不断地提升。

时间快进到一年以后，结果令人印象深刻：玛丽推动银行在收入、利润和发展方面达到了新的水平。作为银行行长，她直接负责商业和零售银行业务、消费者借贷和投资咨询服务。她在密歇根州西部的一个湖边买了一套公寓，并经常去那里亲近大自然，"给自己充电"。她还找到了一种方式来提升和分享她对音乐和歌唱的热爱：定期和几个教堂唱诗班一起唱歌。随后，在2012年5月当地举办的河流奔跑活动（River Run）上，她打破了大家对银行行长的刻板印象，向近4万名观众和2万名参加此次银行赞助的社区赛跑的选手演唱了美国国歌。

作为一个土生土长的密歇根州人，玛丽很快就融入了密歇根州西部的新社区。她现在是多个社区委员会中的一员，并将自己视为社区的建设者。她还致力于提升女性在商业领域的地位，这是她与教练共同设立的未来愿景中的另一个优先事项。她在大急流城的卡尔文学院（Calvin College）创建了一个项目——青年女性商业协会（Young Women's Business Institute）。创办此项目是为了什么？玛丽说，为了"帮助年轻女性展望自己在商业领域的职业生涯，拥有远大的梦想"。该项目将高中生带到大学校园，并引导她们与社区内的商业领袖搭建社会关系网络。

当玛丽的母亲生病需要照顾时，她的追求又有了新的转变。正如她所说："我们生命中能有多少次机会转换角色来照顾自己的母亲？"带着这样的个人愿景，她离开了银行去陪伴母亲，因为这对她们双方都很重要。这也让玛丽能够重新与她的大家庭建立联系。

后来，玛丽找到了一份新工作，在一家与之前截然不同的公司——梅杰公司（Meijer Inc.），这是一家大型零售家族企业，在美国六个州和亚洲都有快速发展的商业规划蓝图。虽然她最初的职位是首席合规官（Chief Compliance Officer），但现在，她又被任命为高级副总裁，负责房地产业务。这些职位能够让她熟悉业务并关注供应链和供应商。玛丽喜欢跨职能的团队，因为她既能为其增加价值，又发现这一角色对自己意义非凡。

玛丽继续与内部学员和青年女性商业协会项目合作，该项目今年将在密歇根州举办第六届年度活动。她觉得自己现在的生活与之前完全不同，其原因是她为自己设立了一个未来愿景，并且找到了人生的真正意义。音乐是其中的关键组成部分。最近，除了梅杰公司的日常工作之外，玛丽还接受了大急流城交响乐团（Grand Rapids Symphony）主席兼 CEO 的职位。显然，玛丽已经超越了单纯的生存需求，而是真正在生活和工作中实现了成长和发展，并在事业达到顶峰时找到了理想自我。

达到最佳平衡

正如玛丽和鲍勃的故事所述，教练可以帮助人们在唤醒 PEA 和 NEA 之间找到最佳的平衡点。这种大脑中的来回切换是至关重要的。反复激活 NEA 会导致认知、情绪和感知障碍。[18] 研究表明，我们需要 NEA，但随之而来的是身体的应激反应（交感神经系统，SNS）也会被唤醒。即使是一些恼人的小事件，比如开车在路上被他人抢道或通话时手机断线，也会激活 SNS。在那一刻，你的创造力会下降，在处理复杂任务时会遇到更多困难，视野会缩小到一个狭窄的区域（导致看不到周围的人，错过周围发生的很多事情）。[19] 正如一位终身从事工程领域工作的高管朋友告诉我们的那样，在 NEA/SNS 的状态下，他会"把人看作携带各种问题的平台"。

出于合理的生物进化原因，我们人类天生就会觉得消极情绪比积极情绪更强烈。[20] 如果你即将被吃掉或濒临死亡，那就很难去探索如何实现成长和发展。但是，一旦我们能够活下去，甚至在一段时间内不用担心生存问题，我们就有了一个选择：是生活在预测的负面体验中（Facebook 或 Twitter 上会出现什么关于我的消息），还是切换到 PEA 的状态中。

古希腊哲学家、七位先贤之一的克莱奥武洛斯（Kleovoulos）告诉我们，应该平衡地体验世间万物，不要过度。[21] 反思一下，上次有人批评你的穿着时，你是否一连几天、几周或几个月都在想这件事？也许到现在你还耿耿于怀。相反，当有人说你今天真好看时，你是否会连续几天、几周或几个月记着这件事？不太可能。所以，既然消极情绪的感受更强烈，那你将如何实现平衡呢？

一位富有创造力的同行芭芭拉·弗雷德里克森（Barbara Fredrickson）提出了**积极性比率**。她和同事们进行了几十项精心设计的研究，结果表明，当积极情绪的体验多于消极情绪时，个人在工作和家庭中的表现就会更好。她早期的研究表明，在团队中，积极情绪和消极情绪的理想比例是 3∶1。虽然那篇文章中的数学统计方法受到了质疑，但并不影响积极情绪应多于消极情绪这个结论的合理性。她的后续研究表明，**高积极性比率会让身体更健康（拥有更好的免疫系统功能），带来更好的认知能力和社会体验。**[22]

在亲密关系领域，约翰·戈特曼（John Gottman）和同事们用了 50 多年的时间来研究相爱的、关系稳定的伴侣。他们发现，如果希望一段婚姻幸福美满，PEA 与 NEA 的比例需要达到 5∶1。对于我们这些已婚人士来说，这真是一个具有挑战性的目标！[23]

高积极性比率会让身体更健康（拥有更好的免疫系统功能），带来更好的认知能力和社会体验。

在另一项关于 PEA 和 NEA 教练所造成的影响的 fMRI 研究中，我们研究了多少 PEA 才足以显著激活 PNS 和更新系统。[24] 研究发现，当 PEA 的教练约谈与 NEA 的教练约谈的比例为 2∶1 时，将显著激活腹侧内侧前额叶皮层（即大脑中直接激活 PNS 的区域）。[25]

当然，实现理想平衡的比例取决于一个人当前的状态、情绪以及生活和工作中发生的事件。虽然有些人声称工作与生活的平衡（或工作与家庭的平衡）是一个至关重要的目标，但我们认为这更像是一种渴望。没有人能够达到这个目标，但重点是要牢记这一目标，并继续努力平衡你的活动、精力和时间安排。无论你是被教练者还是教练 / 助人者，基于 PEA 的教练过程都会对你有所帮助。

我们所需的 PEA 的频次比想象中的还要多。大多数人都在忍受消极的环境和人际关系。更可悲的是，我们甚至已经开始习以为常了。对 PEA 和 NEA 状态的研究表明，要想实现持续的改变，一个人处于 PEA 的频率或时间需要是 NEA 的 2～5 倍。[26]

例如，当使用基于数据的反馈（如 360 度反馈）方法时，向一个人展示数据、图表或报告通常会导致他将关注点集中在差距、缺点或负面评论上。当他试图分析结果时，可能会激活分析网络；当他以防御的方式做出反应时，则可能会激活 NEA。在这个过程中，他越来越不愿意接受新的可能性。虽然他可能会承认反馈的重要性，但由于压力和紧张感的增加，任何努力的可持续性都会降低。

另外，如果他在听到任何反馈（如 360 度反馈）之前专注于自己的个人愿景，他就更有可能为反馈创造一个积极的、强烈渴望的背景。也就是说，这个背景应当是他的愿景和梦想。我们在巴塞罗那艾塞德商学院的好友兼同事莱蒂西亚·莫斯蒂奥（Leticia Mosteo）教授、琼·曼努埃尔·巴蒂斯塔（Joan Manuel Batista）教授和里卡德·塞拉沃斯（Ricard Serlavos）教授的研究表明，25～35 岁的 MBA 学生在参加一门关于个人愿景的课程后，他们的个人愿景以及情绪和社交智力行为表现将得到显著提高；相比之下，其他传统课程则侧重于对各种来源的反馈（包括 360 度反馈）中体现出的个人弱点进行纠正，结果并没有显著提高其相关表现。[27] 即便是在帮助人们理解 360 度反馈的过程中，教练也应当首先关注个人的优势以进一步加强 PEA 的状态，并尽可能长时间地保持这种状态；总之，在一个人的梦想、愿景以及优势的背景下讨论其弱点或差距，分析网络才能真正发挥有益的作用。

更新和压力

正如我们之前所示，当教练某人进行持续改变时，教练（或管理者、老师、家长、牧师、医生）必须保持此人在 PEA 和 NEA 之间的平衡。其中还包括一个更微妙的平衡：保持压力和反压力（或更新系统）的平衡。与 PEA 和 NEA 一样，人们希望在这两种体验之间经常切换。身体的应激反应（SNS）是 NEA 的一部分，而身体的更新系统（PNS）则是 PEA 的一部分。我们需要压力，不仅是为了生存，它还能帮助我们在需要的时候集中精力、缩小视野。现在的困境在于，当今世界的人们承受着太多的压力。一般来说，这些压力并不严重，但会持续存在且数量巨大。例如，我们忘记了今天早上的拼车该轮到我们开车了，或错过了一封关于变更会议时间的邮件等，如果再叠加上工作或家庭中偶尔出现的重大问题所带来的严重压力，我们就会陷入长期的压力和紧张的状态之中——这对我们自身和周围的人都是不利的。

教练、管理者和其他助人者不仅要在教练过程中引导人们达到压力和更新的平衡点，还需要让人们准备好能够在日常生活中保持这种平衡。在教练的帮助下，玛丽和鲍勃都能够养成新的、可持续的更新习惯。他们学会了为不可避免的压力时刻做好准备，也学会了通过更新活动给自己解压，如冥想、适度运动、瑜伽、和自己爱的人在一起、照顾那些不幸的人或老年人、和宠物狗或猫玩耍、大笑和保持幽默感，以及在大自然中漫步。[28] 这些体验或活动都可以像打开我们身体里的一个开关一样激活 PNS，甚至也能唤起 PEA。

我们大多数人都能意识到自己感受到了烦恼、沮丧、愤怒、痛苦或任何能带来压力（即 SNS）的体验。但很少有人知道处于更新复原的状态是种什么感觉，因为我们很容易将它与休息、放松或无聊的情况相混淆。这就是正念练习的益处（参见第 7 章中与活在当下、关注他人相关的部分）。当我们看到或感觉到正处于更新复原的时刻时（如看着地平线上的日落，抚摸一只宠物狗），有意识地训练自己去识别那些时刻，然后让自己沉浸在那一刻，让它帮助我们在压力和更新复原之间保持至关重要的平衡。多样性和变化亦是如此。

多样性不仅仅是生活的调味品

鲍勃·谢弗变得异常肥胖、身材走样的一个原因是，多年来他养成的一些习惯，受压力的影响，这些习惯会导致他的状况加重，从而又造成了更大的压力。吃快餐是因为我们没有时间去买菜、做饭、坐下来好好吃，很多人都有类似的习惯。此外，我们所吃食物的品质，也会影响我们为身体提供能量时的营养价值。暴饮暴食通常是应对压力的一种表现，我们寻求的是饱腹感带来的舒适感和某种味道或口感带来的愉悦感。有时，吃东西的过程也会分散我们的注意力，让我们暂时从困扰自己的事情中解脱出来，得到片刻的放松。

任何成瘾行为都遵循类似的规律。酗酒已被证明是无力感所导致的。[29] 我们通过喝一杯来寻求解脱和放松，有时为了进一步放松，还会再多喝几杯。一旦我们养成了有压力就喝几杯的习惯，它就会与其他感觉联系起来。戒烟者往往报告说，他们在饭后或喝咖啡时仍然会有想要吸烟的冲动。这就是习惯化或成瘾的表现。一开始可能只是行为上的上瘾，因为这种行为能够帮助到我们；随着时间的推移，当涉及咖啡因、香烟或酒精等化学物质时，我们开始经历心理和生理上的变化；最终，这个习惯已经不仅仅是为了一时的欢愉，而是我们开始变得期待它，然后需要它。

无论一个人是在与成瘾做斗争，还是试图改善自己的行为表现，用一个不那么有效的，甚至是不好的习惯来代替另一个习惯都是重大的错误。因为它让这个人重新回到了他试图改变的状况中。在成瘾治疗领域，我们称之为**交换成瘾**。

事实证明，多样性确实很有帮助。为了对抗令人烦躁的或长期的压力，适应各种各样的更新复原活动是一种有效的解压方式。[30] 鲍勃·谢弗之所以成功地保持着他改变后的状态，是因为他坚持适度的体育锻炼，与妻子一起参加跑步之类有趣的活动，改变他的饮食习惯和作息时间，甚至改变了他对待工作的方式，以此作为更新复原的时刻。玛丽·图克也是这样做的。她的方法是参与一些活动，如与银行的社区建立关系、唱歌、引导女性在事业上取得积极进展，以及花时间与母亲和朋友在一起。

所以，多样性很重要，但适度也很重要。制药公司会担心剂量问题，我们的医生则会担心正确或最佳的用量是什么。这同样适用于更新复原活动。例如，研究表明，如果你每天锻炼 60 分钟来恢复精力的话，那么，把它分成 4 个 15 分钟的独立活动，能让你更好地缓解压力带来的影响。[31] 比如花 15 分钟和朋友谈论他们的生活，15 分钟进行呼吸、冥想或瑜伽练习，15 分钟与你的孩子或狗（或猫）玩耍，15 分钟和朋友或家人聊天说笑。当然，我们并不是说你不应该运动。（事实上，你一天需要超过 60 分钟的活动来恢复精力，而且应该天天如此。）但这个例子很好地说明了就更新复原活动的时间和频率而言，强度小、高频率的活动比更长时间的、低频率的活动效果要好，而且，采取多种多样的活动形式，比重复做同一种或两种活动的效果要好。

————

现在我们已经解释了身体和大脑的基本运作流程，那么下面就能够更详细地了解教练或助人者可以做些什么来让一个人更频繁地处于 PEA 中。在第 6 章里，我们将探讨为你的未来（即个人的梦想和愿景）创造一个积极的环境，可以如何帮助你持续进行学习和改变。

深化学习

1. 为了维持改变或学习的过程，一个人处于 PEA 的频率需要比 NEA 多 2~5 倍。

2. 就时间而言，强度小的、高频率的更新复原活动比更长时间的、低频率的活动效果要好。

3. 采取各种各样的活动形式进行更新复原，比重复使用同一种或两种活动的效果要好。

4. PEA 通过激活更新系统中缓解压力的激素，让我们产生安全、希望甚至愉悦的感觉，从而使我们能够实现健康的成长和发展。NEA 通过激活我们对威胁的应激激素反应，即战斗、逃跑或僵住不动，来帮助我们生存下去。

5. 我们的大脑使用两种主要的神经网络来学习和改变：**分析网络**和**共情网络**。我们需要分析网络来解决问题、分析事物、做出决策和集中注意力；我们需要共情网络来接纳新的想法，审视环境以寻找趋势或模式，并对他人、情绪以及道德问题持开放态度。我们需要这两种神经网络。但由于它们对立且相互抑制，所以我们需要平衡在每一种神经网络中的时间。

回顾第 4 章的练习。在你的生活和工作中，哪些 NEA 的体验或活动是你可以避免、尽量减少或消除的？哪些 PEA 的活动或体验是你每周可以多做一些、做得更频繁或持续更长时间的？如果你有空闲，你会尝试哪些新的、不同的 PEA 活动或体验？

● 对话指导

1. 和朋友或同事讨论一下，为什么大多数人觉得自己的工作和生活没有达到最佳的平衡状态。人们的体验是相同还是不同的？你怎样才能更接近理想中的平衡状态？你周围的人怎么评价你保持这种平衡的能力？

2. 回顾上周的每一天，然后向其他人描述你每天有多少个 PEA 和 NEA 时刻。你或他们在其中发现了什么规律？

3. 在上面的讨论中，探索一下你每周通常会在什么时候进行哪些更新复原活动？有多少次 PEA 或 NEA 时刻的持续时间超过了 15 分钟？在不对已有的活动或必须做的事情产生太多干扰的情况下，你可以在每天或每周中增加哪些更新复原活动？

第 6 章

愿景的力量
梦想，而不仅仅是目标

一　个明确而强烈的愿景，足以改变你的一生。2013 年，64 岁的
　　　　戴安娜·奈德（Diana Nyad）成了第一个从古巴启程、历经 103
英里游到美国佛罗里达州的人。这是她的第五次，也是最后一次尝
试；在此之前，从 1978 年开始，她已经尝试了四次，但都未能成功。
取得这一历史性成就后，她接受了美国有线电视新闻网（CNN）的
采访，并阐述了自己做这件事的动力：35 年前，她就有了这样的梦
想——通过游泳完成一件从来没有人做到的事情，但是，每一次总会
出现一些状况阻碍她实现这个梦想。

"可是生活仍要继续，"她说，"当你年过 60，母亲也离世后，
你开始想要填补生命中的空白。这时，梦想就会从你的脑海中慢慢
苏醒。" [1]

梦想一直就在那里，与我们所珍视的价值观、最深刻的热忱和生
活目标紧密相连。也许，它们会被生活中的责任与义务所压抑，被禁
锢在脑海中的某个角落里很多年，但它们不会真的消失。20 多岁的戴
安娜在心里种下了一颗令人兴奋的梦想种子，而正是这颗种子激发了
她那难以置信的雄心、毅力和韧性，让她在 60 多岁的时候找到人生
的意义并实现了自己的梦想。

帮助人们明确其个人愿景（我们称之为"**愿景教练**"），能够让他
们回忆起埋藏已久的梦想，并铺设一条道路，让梦想起飞，成为现
实。我们从运动心理学研究、冥想和生物反馈中了解到，如果能为梦
想赋予生命力，我们就会投入情感的承诺。强烈的个人愿景能够促使
我们将目标转化为行动，在混乱中建立秩序，逐渐增强自信心，并推
动我们实现理想的未来。

㊀　1 英里＝ 1.609 344 公里。

在本书中，我们描述了如何通过找到真正的愿景，在个人以及教练关系（或者在任何存在帮助性质的关系）中激发积极的情绪。它是如此强大和重要，能够从本质上引导人们更加开放和深入地思考，与他们最真实的内心建立联结，并最终促进持久的学习和改变。在本章中，我们将深入探索个人愿景，并讨论如何帮助人们明确个人愿景。我们将会介绍的一些研究，说明发现和设立这样的愿景，是能够从神经学和情感角度上激活积极情绪吸引因子（PEA），并且帮助人们找到生活和工作中各种可能性的最好方式。接下来，让我们先辨别一下什么是个人愿景。

梦想，而不仅仅是目标

个人愿景是人们对未来可能性的想象，而不是一个具体的目标或策略。它既不包括行动，也不包括义务，更不是对可能性的预测。它就是一个梦想！绩效教练会将反馈视作一种干预的措施，而愿景教练则强调让被教练者发现和表达理想中的自我，并将其作为维持和深入彼此关系的锚点。理想自我能够为促使个人处于最佳状态所需要的东西赋予形状和色彩。

简而言之，个人愿景表达的是一个人的理想自我与理想未来。它包含了梦想、价值观、激情、目标、使命感和核心身份。[2]它不仅表明了一个人想要做什么，也表明了他想成为什么样的人。

对个人愿景的某个方面进行深入的思考，可能会是一种全新的、甚至不舒服的体验。这主要是因为反思意味着要踏入陌生的领域。在人生中，我们经常会被问到我们想做什么，而不是我们渴望成为什么个人愿景表达的是一个人的理想自我与理想未来。它包含了梦想、价值观、激情、目标、使命感和核心身份。它不仅表明了一个人想要做什么，也表明了他想成为什么样的人。

样的人或我们想过怎样的生活。最初，充满善意的父母、照顾者和老师会玩笑般地问幼儿和学龄前儿童："你长大后想做什么？"孩子们喜欢穿上各种衣服，装扮成他们长大后想要成为的人——医生、消防员、芭蕾舞者、护士、警察等。

随着孩子年龄的增长，他们会阅读描述各式各样职业的书，听朋友的父母谈论他们的工作，甚至去工作场所实际体验。所有这些经历都会帮助他们开始发现自己想要做什么。在高中，学生们经常被问起："你想去哪里上大学？"然后在大学里，我们也要回答一个面试官必问的问题："毕业后，你想做什么？"参加工作后，善意的领导和人力资源经理还会问员工："未来几年内，你想在这里做什么？"

显然，我们花了很多时间去练习回答"我想做什么"这样的问题，却往往很少花时间来问问自己"我希望成为什么样的人"，而这个问题对我们来说可能更重要。作为教练（或父母、老师、管理者、牧师），当我们让人们去思考他们最关心的是什么，他们的梦想是什么，不需要考虑其他事情时他们所想到的是什么，此时新的想法和可能性就时常会像开闸的洪水般涌出和漫延。大多数的组织会更关注两到三年内的职业目标，但我们建议人们从未来 10～15 年的角度思考问题。为什么呢？因为更长的时间跨度会推动人们走出舒适区，而不是简单地被他们近期的想法或来自社会的期待与认可所束缚。所以，当我们问：如果你的生活在 10～15 年后达到了理想的状态（你可以用"难以想象的""惊人的""令人羡慕的"等词语来代替），那会是什么样子的呢？人们对这个问题的最初反应，可能是眼神茫然、神色焦虑，也可能是透露出一种纯粹的热爱之情。但是，不论当时的反应如何，这个问题最终都会让人笑逐颜开，因为他在设想自己处在遥远的未来，摆脱了当下紧迫烦扰的事务。[3]这种反应会激活他的积极情绪吸引因子，让他产生比其他情况下更有创意的想法和解决方案。

凯伦·米莱（Karen Milley）就有过这样的亲身经历。她作为研发部门的副总裁，参加了凯斯西储大学的一个领导力发展项目，其中有一项家庭作业是练习描述他人的愿景。一天晚上，她决定先和十几岁的儿子约翰（John）进行练习。他们围坐在火炉旁。"我们聊一聊你未来想成为什么样的人吧。"她问道，"你觉得自己 15 年后会在做些什么？"约翰犹豫了一下，然后说："我需要想象一下才能回答这个问题。"

就在那时，凯伦灵光一闪，她想到："原来这就是愿景的力量，它能调动人们的想象力！"

故事讲到这里，她补充道：在他们公司里，人们习惯于思考"你要追求什么职位"。她说："每个人都觉得他们需要一个经过深思熟虑的五年计划，随时准备好在被问及时能够脱口而出。哪怕说的时候结结巴巴，那也是因为他们太想要给他人留下深刻的印象。但当你期望人们想得更长远时，你就会从'下一步我要做什么'跨越到'最终我想做什么'这个问题。"作为一个大部门的领导，凯伦觉得这个视角令人耳目一新、兴奋不已。通过使用这种长的时间框架，她立即注意到了部门员工在思维和能量方面的积极转变。

"今天，我让大家去设想两三种未来可能的场景，"她说，"我向他们保证，将与他们合作，一起探索最适合他们的路径。你会明显地看到他们变得高兴起来，因为他们感到放松，情绪也稳定了下来。"

我们认为刘易斯·卡罗尔（Lewis Carroll）在《爱丽丝梦游仙境》（*Alice's Adventures in Wonderland*）中完美地诠释了缺乏个人愿景的

后果。当爱丽丝走到一个岔路口时，她看到树上有只柴郡猫，便问道："你能告诉我，我应该走哪条路吗？"猫说："这取决于你想去哪儿。"爱丽丝说："我不在乎去哪里。""那走哪条路也就无所谓了。"猫回应道。[4]

但**在现实中，知道我们要去哪里，往往非常重要**。我们需要在事业、人际关系和生活中规划出一幅我们想要去向何方的蓝图。它像指南针一样，会为我们指引方向，让我们看清不同的前进路线，而不是一条路走到黑，同时让我们保持在达成目标的最佳路线上。这就是为什么教练的过程需要从探索一个人理想中的自我开始，并把理想转化为某种外在的表达，通常是一份书面陈述或一幅图像。发掘和提炼个人愿景的过程会释放出强大的正能量，并带来许多好处。它帮助我们看到更广阔的图景，展开明智的思考，更有同情心，主动采取行动，制订更广泛的行为策略，并培养韧性以度过艰难时期。（请见"个人愿景与疗愈"一栏，了解本书作者之一埃伦使用这些工具来应对健康危机的故事。）

个人愿景与疗愈

那是 2004 年 11 月，埃伦正在读博士学位的第一个学期。有一天，她坐在教室里，感到脖子一侧有个肿块。她不记得以前有过这种感觉，当时她认为这只是可能马上要感冒的征兆。但一周后，病情仍未好转，她便预约去看医生。经过多名医生的诊断、检查化验和组织活检，她得到了一个谁也不想听到的消息：她得了一种罕见的唾液腺癌症。幸运的是，癌症病情在早期被发现，她已经通过手术摘除唾液腺，

在现实中，知道我们要去
哪里，往往非常重要。

并进行了化疗。尽管如此，她还是完全被这个诊断的阴影笼罩着。作为一名母亲（她的女儿当时快四岁了），除了需要照顾女儿和攻读博士学位课程，她还有一份全职工作，她知道自己需要尽一切可能来改善预后，而她的丈夫刚收购了一家诊所，家里需要她的收入来维持日常运转。她有很多事情需要去做，而生病给她敲响了警钟，让她知道有些事情必须要改变，而且她别无选择，只能这么做。

那时，埃伦已经是一名经验丰富的教练，她精通意向改变理论（ICT）（请见第 3 章的描述）。所以，她决定应用该模型来探索自己确诊后的个人愿景。她开始触及自己的核心价值观——信仰、家庭、友谊、爱情、健康、职业操守、终身学习和快乐，以及她真正想要的未来。

埃伦立刻感受到了愿景的力量，她明白了生命中真正重要的是什么，以及她想在此生中留下些什么。这种清晰感给予她充足的力量和能量，去应用意向改变理论中的第三个探索阶段，也就是把她实现未来幸福所制订的目标和实际行动结合起来，然后尽一切可能按计划行事。首先，为了疗愈自己，她向学校请了病假——当然，这也让她很焦虑，因为她的博士课程才刚刚开始。她还与一位天主教修女建立了密切的"教练"关系，这位修女曾是一名高中教师，可以为她提供心灵上的指导。她们在一年中的每个月都见一次面，讨论圣经与她的人生经历之间的关联，以及信仰和恩典在她经历的考验中所起到的作用。

在接受放疗的同时，埃伦也打开自己的思维，开始学习整体健康的理念。她和一位自然疗法医生一起研究营养排毒的过程，并了解到食疗的功效。她改变了自己的饮食习惯，大幅减少精制糖的摄入量，开始食用更多的有机食品、天然食品和蔬菜。蔬菜汁的混合物和其他配料制成的奶昔成为她的日常主食，让她能摄入更多高质量的营养物质。她还从一位著名的阿育吠陀⊖医生那里学习了超觉冥想。她每周练习几次，并通过聆听 CD 中的声音，引导自己的思想与身体通力合作，而不是相互对抗。当大脑因为某种可能性的假设而过度担心时，她能通过身体让思绪平静下来并充满希望，而不是陷入害怕和沮丧当中。她把每一份精力都放在如何实现自己的愿景和价值观上，同时，在许多家人、朋友和同事的帮助下，她把这个计划坚持了下去。她还开玩笑说，如果需要一个村庄的人工作才能让她健康起来，那么村民们都得加班加点地干活了。

　　这已经是 18 年前的事了，从那以后，埃伦每天都很感激这份来自健康生活的馈赠。她认为，这段经历改变了她的人生，并赋予了她无穷的力量。正如她所说的：

　　除了听从医生的建议和完成常规的癌症治疗外，我向医生、健康领域专家和精神导师学习一切我能学到的东西，并把它作为我的使命。他们对于如何长寿，如何过上长期的健康生活和如何在短期内减轻癌症带来的痛苦方面，都有可以借鉴的观点。因为我不但要从癌症中活下来，还要在以后尽可能地保持健康和活力。而这也意味着我要努力在心理、情感和精神上都保持非同寻常的健康和良好状态，而不单单是在身体上。最终，它变得如此有意义，尽管我的所作所为在一些人看来都是疯狂的，但是我并不在乎他们的看法，因

⊖　阿育吠陀是一门来自印度的身心医学。——译者注

为我没有什么可以失去的，却能够得到一切。这就是一种释然。

更重要的是，埃伦将她的这段历程视为对意向改变理论的终极考验。"直面死亡的经历，让我更加清晰地了解到自己的价值观和内心深处的渴望。"她说，"我想要的不是每天工作到精疲力竭地倒在床上，而是一种更深层的渴望，渴望与真实自我建立联结，渴望与我在乎的人在一起，渴望做真正能够帮助他人和组织的工作。只有在这种状态下，我才有机会逐渐得到疗愈。"

我们的好朋友兼同事安杰拉·帕萨雷利（Angela Passarelli）研究了积极情绪吸引因子和消极情绪吸引因子在不同的教练约谈中对认知、情绪、生理以及关系方面的影响。在她的研究中，参与者将面对两位行为方式完全不同的教练。一名教练会让参与者展望积极的未来（积极情绪吸引因子），而另一名教练则让参与者关注当前的问题（消极情绪吸引因子），两者的目标都是帮助参与者在职业生涯发展上更进一步。参与者对这两位教练的感受明显不同。愿景教练让参与者倍感快乐，感知到了更高质量的教练关系，表达出更加雄心勃勃的目标。而且，与基于消极情绪吸引因子的教练约谈相比，基于积极情绪吸引因子的教练约谈让参与者愿意付出更大的努力去实现目标，并且更加享受追求目标的整个过程。[5]

研究重点

研究员安杰拉·帕萨雷利通过对照实验，观察和研究教练帮助他人持续改变时在生理、认知、情绪和关系方面存在的机制。48位研究生分别参加了两种截然不同的教练约谈：

一种专注于帮助他们想象未来（基于积极情绪吸引因子）；另一种则更关注于现存的问题和挑战（基于消极情绪吸引因子）。与此同时，帕萨雷利在两种教练约谈的过程中和间隙时收集数据。

与专注于当前问题的教练相比，基于愿景的教练（强调积极情绪吸引因子的教练）让参与者感到更加振奋，他们与教练的关系质量更好，并且设定了更多对自身十分重要的目标。尽管这些目标和对照组设定的目标一样困难，但参与者更愿意付出努力去实现这些目标。

资料来源：A. M. Passarelli, "Vision-Based Coaching: Optimizing Resources for Leader Development," *Frontiers in Psychology* 6(2015): 412, doi:10.3389/fpsyg.2015.00412.

尽管拥有愿景对个人来说是有益且重要的，但是发掘愿景的过程并非总是一帆风顺。以埃米·绍博（Amy Szabo）为例，倒不是她不知道自己想走向哪里，而是她对各种不同的道路都充满兴趣，以至于需要花一些时间来确立自己的愿景，让自己能够更加专注于内心的渴望。

埃米的故事

又一次，埃米·绍博带着她的急救包及时赶到了现场，稳定住了一名心脏病患者的病情，并把他送到了医院。

如今，每当埃米谈起她作为急救医务人员（emergency medical technician，EMT）的早期职业经历时，乐于帮助他人渡过难关的热情都会溢于言表。在成为一名急救医务人员之前，她先获得了教育学学士学位，并曾短暂地当过一段时间老师，然后又做过全职消防员——与其他150位男性和1位女性共事。

后来，在做了几年急救医务人员后，她又获得了第二个学士学位——护理学。不久之后，她成了一名临床护士长，以及重症监护和外科手术价值流的持续改进的推动者。当她注意到医院的工作效率低下时，她学习并成了六西格玛高效流程（Six Sigma Black Belt in Lean Processes）的专家。其他部门的负责人经常向她寻求帮助和建议。随后，埃米被另一个不同的医院系统聘用，与首席执行官一起开发一个患者体验项目。

显然，从教师到消防员，再从护士到设计医院患者体验项目的经理，这并不是一条普通的职业发展路径。埃米从拯救一个人的生命跨越到拯救整个医院。一路走来，她找到了自己独特的工作方式，并在每一份工作中都证明了自己能够超越任何在体力、知识技术和速度方面设置的标准。但回望过去，她承认自己并没有制订过计划，而是经常根据他人的建议，走一步看一步，并用行动进行验证。

一段时间过去了，埃米现在正在攻读高管工商管理硕士（EMBA）课程。对于未来的各种可能性，她感到十分兴奋，但不确定该选择哪条路。不过，有一件事她很确定：她以前选择职业的方式并没有从效率和成果上帮助她在人生中取得进步。

在课程中，有一位领导力教练和埃米一起设立了她的个人愿景。"如果你的生活将在10～15年后达到完美的状态，"他问她，"那会是什么样子？"埃米回答说，她之前并没有过多考虑自己的长远未来。事实上，埃米给人的印象是一个谦逊、温和的人，随时准备帮助他人，而不是只关注自己。因此，当她第一次尝试塑造个人愿景时，教练毫不惊讶地发现，埃米把她的家庭作为中心并专注于在医疗保健领域营造更积极的环境——而不是她自己的长远梦想。

教练决定继续这个话题，并向埃米讲解了一种多评级反馈的工具，即情绪与社会能力量表（the Emotional and Social Competence Inventory，ESCI）。[6] 大多数 ESCI 的使用者只会找 8～10 个、甚至更少的人来填写 360 度反馈的调查问卷。但埃米不一样！她创纪录地邀请了 50 个人对他们之间的互动做出评价，其中 47 个人给出了回复。

当她和教练一起回顾这些反馈时，除了难以置信的回复率之外，最令埃米震惊的是这 47 个人的反馈都传达了同一个信息：埃米在每一项情绪、社交和认知智力方面都始终表现出超过"独特优势"标准的水平。她是一位能引起共鸣的领导者，有着很高的情绪和社交智力——而她自己甚至都不知道这一点。

当教练问埃米对这个结果有什么感受时，她有所迟疑，但还是承认了自己确实很擅长领导他人。于是，她也开始相信，自己已经准备好以更长远的眼光来规划生活，而不仅仅是关注下一份工作是什么。这让埃米开启了新一轮的自我觉察，她带着全新的、开放的心态回到医院工作，去发现和寻找她理想中的未来。

然而，六个月后，当她再次与教练坐在一起时，埃米承认自己有些迷失了。她又一次获得了晋升，承担起更多的责任——有机会在医院新建另一个创新中心，专注于整个系统的重新定位，或者更准确地说，围绕有效和高效的患者护理，在大型医疗机构中重新建立一套系统。

教练问她，自他们上次讨论后的几个月以来，她的愿景是否发生了变化。答案是肯定的。埃米开始把自己看作一个领导者，也被他人视为提供帮助的来源。在应对新挑战的同时，她还把帮助其他医院施行类似的方案作为优先事项。她甚至开始讲授关于情绪智力的专题研讨课，以此来带动其他人一起创造更有影响力的、更积极的患者护理体验。

教练问了她一个之前问过的问题："如果你的生活将在10～15年后达到完美的状态，那会是什么样子？"他想知道埃米是否真的想成为一家医院的院长或总经理。但令他惊讶的是，她身体前倾，兴奋地说出了她最想做的事情：帮助医院领导了解自身的行为是如何影响其他人工作的，并与他们一起探索如何与员工和患者更好地进行互动。埃米其实想成为一名医疗保健行业的高管教练。

"你不是已经在做了吗？"教练问道。埃米看着他，略带困惑地笑着说："什么意思？"

"嗯，"他说，"你现在经常与医院里的各个领导就他们的科室、行为和做事方式进行探讨，对吗？"

"是的，"埃米说，"但我不是他们的教练。"

"你确定吗？"他反问道。

她想了一会儿，说："你知道吗，有个医院的院长最近打电话给我，说我和她的一些谈话让她受益匪浅，所以她还想继续下去。我想这可能就是一段教练关系的开始吧。"埃米接着问教练，想要知道如何通过学习教练的高级课程来进一步提升自己的能力。

如今，当她谈起自己的梦想，也就是在她工作的大型医院系统中担任教练并管理一个主要部门时，她都会身体前倾，面露微笑，语速加快。她的能量很有感染力。埃米很快就会完成她的教练培训，而且把自己教练生涯的开始归功于那位领导力教练对她的帮助。通过引导埃米进行超前思考并构建全面的个人愿景，教练帮助她为自己的职业和生活绘制了一幅完整的蓝图，埃米称之为"解放"。现在，她想帮助别人做到同样的事情。

————

接下来，让我们看看另一个故事，在职业生涯的不同阶段，主人公的个人愿景给他带来了怎样的成长和改变。

巴萨姆的故事

在医疗保健行业工作的巴萨姆（Bassam）对项目团队中的其他人越来越感到失望。担任项目负责人后，他才意识到自己十分咄咄逼人且缺乏耐心。这种感觉很奇怪，因为他一直是那种人们会向他倾诉各种各样问题和困惑的老好人。而现在，就好像他的身体被某种来自另一个星球的物种占据了一样，他变成了一个与曾经的自己截然相反的人。

于是，他决定调整自己的愿景和实现这一愿景的计划。一年前，在一个 MBA 项目中，巴萨姆曾与一位教练对话并设立了个人愿景。在这个过程中，他对自己产生了更深入的觉察。所以在此刻，面对着这个前所未有的难题，他认为再次与教练合作可能会是个好主意。虽然他的医疗保健事业正在稳步上升，但他想要的并不仅仅是这些。巴萨姆来自约旦，在迪拜生活多年，他希望通过积累国际经验和获得 MBA 学位，改变自己的领导风格，变得更有效率，甚至更有魅力。

他再次与一位教练对话，教练让他先谈谈自己的愿景。巴萨姆描绘了一个经过深思熟虑、极具吸引力的梦想，包括维持和朋友的关系，成为一个真诚而友好的人，让别人都认为他温暖而有爱心。教练问："那么问题在哪呢？"巴萨姆解释道，由于对创新和解决组织问题的渴望，他经常参与或领导特殊的项目团队。他发现，一些团队成员在工作中经常马马虎虎，敷衍了事，得过且过。这导致项目团队中往往有人抱怨其他人游手好闲或白吃白喝，也让巴萨姆很生气。结果在每一个新的团队中没待多久，其他人就把他视为一位愤怒的任务管理者，而不是他希望成为的那种关心他人和富有创新精神的领导者。

教练问巴萨姆，在成为沮丧的监工和关怀他人的团队领导之间的这条连续横轴上，他希望自己处于什么位置。他回答说，尽管创新精神和完成目标是他作为高效领导者的个人梦想中的一部分，但被视为一个易怒的人并因此失去友谊绝不是他理想中的自我。在对愿景进行了一番澄清之后，巴萨姆意识到他需要调整自己的一些行为。

教练追问他，如何看待自己的个人愿景中存在的明显冲突。巴萨姆的回答迅速而明确：他不想以牺牲自己的人际关系为代价来实现团队目标。

"在团队会议之前，你意识到自己变得越来越沮丧了吗？"教练问道。

巴萨姆承认他的确有所觉察，但并不知道该怎么办。

"如果你知道该怎么做，"教练问，"你会做什么？"

巴萨姆想了一会儿，半开玩笑地说道："我可以忽略那些游手好闲的人，而与其他在乎成果的人一起继续前行！"随后，他开始变得严肃了起来："我不知道还能做些什么。"

教练建议他用头脑风暴的方式思考，于是，他又想到了几个点子。在团队会议之前，巴萨姆可以花几分钟时间回顾他的愿景，甚至可以大声说出来，并思考其与团队项目的相关性。"重新思考你的核心价值观和个人目标，"教练鼓励他，"想象一下你希望如何与团队配合。在每次会议开始时，帮助团队回忆他们共同的价值观和愿景。"

"关注团队的共同目标，"教练继续说道，"并感谢那些努力为整体结果做出贡献的人。邀请其他人思考并分享让他们感到兴奋的事情。总之，将焦点转移到团队的巨大进步上，让这样的团队分享带动其他人一同前行。"

对巴萨姆来说，这是一种思维模式的转变。在意识到自己不需要独自承担团队工作的重担之后，他感到如释重负。随后，教练帮助他继续思考管理团队的各种方法，让他能够在希望他人怎样看待自己这件事情上保持真实的感受的同时，还能为团队生产力做出重要贡献。

———————

和巴萨姆一样，我们都需要定期更新自己的个人愿景。一些事情的发生会迫使我们做出改变，或是至少让我们重新审视自己的愿景，比如被解雇或升职、结婚、生孩子、失去父母，或者遭遇飓风或恐怖袭击等灾难性事件。有时候，改变的不是环境，而是你身边的人；还有时候，改变不是因为一个事件的发生，而是时间流逝的结果。

我们都可以预见到生活和工作会发生变化，而这些变化将会提醒我们及时更新自己的愿景。理查德与乌达扬·达尔（Udayan Dhar）已经开启了一系列研究，关注一个人的理想自我和个人愿景是如何随着时间的流逝和事件的发生而变化的。[7] 理查德和乌达扬一项早期的研究甚至发现，即使没有发生特定的事件，我们的生活和事业似乎也会在 5～9 年（平均 7 年）的周期中持续循环。通常，在四五十岁的时候，我们会被贴上中年危机的标签，但这实际上只是生活和事业中的自然起伏而已。[8] 人们需要利用好这些自然周期（或人生中发生的重大事件）去重新检视自己的个人愿景，这很重要。

关于个人愿景如何带来改变的更多证据

我们花了很多年才明白，在埃米和巴萨姆的教练案例中，为什么一个人在列出"目标"和讨论个人愿景时的反应会有如此大的差异。目标要求人们宣布一些他们渴望并应该实现的事情。对许多人来说（除了那些具有高成就需求动机的人，例如销售人员），这就成了一种责任。而责任会产生压力，并开始加重我们在本书中所描述的大脑中的消极过程（negative process）。[9] 于是，目标就可能成为一种要避免而不是去追求的东西。

然而，在（由理查德等人开展的）心理学和管理学的早期研究中，我们发现目标是有帮助的，但在不同的情况下，目标的实用性也有所不同。区别在于其背景是绩效导向还是学习导向。绩效导向强调通过展示能力来追求外部认可和实现特定目标；学习导向的特点则是渴望获得深层知识和掌握技能，以应对各种当前或未来的场景。[10] 一些成熟的研究表明，设定具体的绩效目标或学习目标会产生不同的结果。当一项任务很复杂，需要良好的学习能力和适应性时，设定学习目标能够带来更好的表现，参与者也会投入更多的时间到任务中。相较而言，当面对简单或常规的任务时，绩效目标能够通过提供方向性和清晰度来促进更好的表现。[11]

新兴的社会神经科学研究能够帮助我们理解为什么会发生这种情况。当我们设定了目标后，我们就会开始思考怎样努力达成这个目标。这就需要用到分析大脑。正如我们在第 5 章中所讨论的，神经网络的某些部分会引发我们的应激反应，并且通常会对我们的认知、情绪和身体产生影响。当专注于目标时，我们往往只能看到眼前的东西，而忽略了视野中存在的其他可能性。[12]研究员托里·希金斯（Tory Higgins）提出，设定一个具体的目标会将我们的注意力转移到如何防止目标无法达成上（即全神贯注于实现目标本身），而不是一起去寻找新的可能性。[13]他的研究成果表明了这是如何影响我们调节和参与认知互动的方式的。聚焦于预防出现目标无法达成的情况，会让我们产生从轻微直至高度的防御性——这就限制了我们利用内在能量开启新方向并在过程中保持动力的能力。与很多人都相关的一个例子是制订新年计划。在"新的一年将是新的开始"的承诺下，我们满怀激情地宣布要吃得更健康，保证更充足的睡眠，每天给妈妈打电话，每个星期天去教堂，或者彻底改正某些坏习惯。然而，几周后，我们就失去了动力。只要问问健身俱乐部的经理们就能发现，他们最喜欢 1 月，因为人们往往在 1 月报名，支付几个月甚至更长时间的会员费用，然后到 3 月就没再出现过了。这说明改变是困难的，**对成年人来说，要想让改变持续下去，必须找到深层的渴望，并且必须与我们的激情、目标和核心价值观相关联。**

对成年人来说，要想让改变持续下去，必须找到深层的渴望，并且必须与我们的激情、目标和核心价值观相关联。

　　正如我们在埃米·绍博身上看到的，她在职业生涯开始时只想找一份工作（教学），随后是一份令人兴奋的工作（消防和急救），然后是一份可以专注于帮助他人的工作（护理和医院管理）。随着她对未来梦想的不断扩展和具体化，她对梦想可以成为现实的这个想法越来越有信心，也越来越相信自己有能力去实现它。这就成了她带有强烈使命感的个人愿景。

　　有趣的是，我们在一项关于教练的功能磁共振成像（fMRI）研究中发现，人们和接受过唤起积极情绪吸引因子培训的教练谈论愿景，以及自己书写个人愿景，这两种情况下所激活的神经网络并不相同。[14] 正如之前章节所提到的，两项对基于积极情绪吸引因子和消极情绪吸引因子的教练的功能磁共振成像研究结果，表明了教练对个人愿景的影响力。[15] 在第一项研究中，我们发现基于积极情绪吸引因子的愿景教练激活了人们大脑中与想象力相关的脑区；在第二项研究中，我们发现哪怕只是进行 30 分钟的基于积极情绪吸引因子的教练约谈，也能激活一个人的全域视野和洞察大局的能力——相反，基于消极情绪吸引因子的教练则只能激活有限的局部注意力。

　　所有这些都表明，发掘个人愿景的过程本质上是一个人对理想中的自己和未来的憧憬，其中释放出的希望和兴奋的积极情绪，反过来又会促进我们对成长与改变的动力和渴望。突然间，我们开始相信有价值且令人向往的事情将会发生。[16] 这种希望源于自我效能感和乐观主义精神，其中**自我效能感是指相信我们有能力实现我们设定的目标或成为我们想成为的人**。所以，由自我效能感激发的希望，意味着我们不仅认为美好的事情即将发生，而且相信我们有能力去实现它们。[17]

自我效能感是指相信我们有能力实现我们设定的目标或成为我们想成为的人。

在一项针对工程与科学专业人士的研究中，研究员凯瑟琳·布斯（Kathleen Buse）和戴安娜·比利莫里亚（Diana Bilimoria）探究了女性群体选择离开或留在该领域工作的原因，并发现了个人愿景的影响力的实证证据，即拥有愿景能够强有力地支持女性在技术领域提升自我效能。对这些女性来说，花时间思考自己的激情、目标和价值观，会提高她们对工作的投入度，增强她们作为工程师的责任感。[18]

布兰迪·迪马尔科（Brandi DiMarco）的情况就是如此。她在一家食品加工制造商的信息系统部门工作，参加领导力发展项目期间她在一位高管教练的帮助下确立了个人愿景。她分享了以下感想：

> 拥有个人愿景有助于我分清轻重缓急，为未来做好准备。我经常回看我的笔记，读一读我写的文字。生活会让人很容易遗忘掉一些东西，所以我把愿景和价值观就挂在镜子旁边，让我每天都能看到，提醒自己我到底是谁。就个人生活而言，我决定再要一个孩子；在专业上，我也已经重返大学，继续攻读学位。我还更新了自己的简历，去申请我想要的职位，而不仅仅是我能胜任的职位。最近，我升职了，并且正在继续面试更高级别的管理职位。实现我的愿景后，我意识到公司的价值观与我个人的价值观是一致的。这让我很容易就做出决定留下来，继续在公司里任职。

研究重点

凯斯西储大学的研究员凯瑟琳·布斯和戴安娜·比利莫里亚对 495 名从事工程与科学专业领域工作的女性进行了研究，发现坚持从事这些职业领域工作的女性通常拥有个人愿景。这种个人愿景中包括关于事业的部分，但不限于此。拥有愿景使她们能够克服在工作场所中遇到的偏见、障碍和歧视。这些发现证实了之前的研究，即自我效能感、希望和乐观是个人愿景和核心身份的重要组成部分，是实现愿景的必要因素。对理想中的自我有清晰的认识，会对女性的工作投入度产生积极的影响，而工作投入度又直接影响了女性对留在工程领域工作的坚持。

资料来源：K. Buse and D. Bilimoria, " Personal Vision: Enhancing Work Engagement and the Retention of Women in the Engineering Profession, " *Frontiers in Psychology* 5, article 1400（2014）, doi.org/10.3389/fpsyg.2014.01400.

愿景的打造

打造愿景的过程是需要想象力和创造力的。帮助人们认清其理想自我和表达其个人愿景的最好方法，就是鼓励他们去梦想。在我们的领导力发展项目中，最受欢迎的一个练习叫作"追逐梦想"（更务实的人称之为"愿望清单"练习）。这项练习需要每个人思考他们在一生中想要体验、尝试或完成的 27 件事，并将其写在便利贴上。在写下尽可能多的内容之后，人们需要将便利贴粘在一张活动挂图纸上，然后将这些想法按主题分组，例如事业、家庭、旅行、健康、冒险等。在团体教练的情况下，下一步最好是留出时间进行一次"画廊漫步"。在这里，人们可以一边走一边观察别人的活动挂图，就像在欣赏艺术品一样。

大多数人都会喜欢这种体验，并发现它有助于想象各种可能性。我们经常在过程中看到大家的笑脸，听到大家的笑声，感受到团队的正能量，和工作团队甚至家人一起做这个练习，是人们帮助彼此实现梦想的一个很好的方式。观察其他人的梦想和抱负，就像走进他人的心灵一样，既令人鼓舞，又让人谦卑。而且，这只是引导并促进梦想和探索体验的一种方式。其他相关的建议，请参阅本章末尾的"反思与应用练习"。

对许多人来说，接受教练并设立对未来的愿景，会主要聚焦在他们的工作和事业方面。但之前我们所讲述的那些勇敢而好奇的人的故事表明，工作只是我们生活的一部分。虽然我们的职业可能是享受和满足感的源泉，但往往是工作之外的活动能够实现更深层次的目的和意义。埃米·绍博发现，她和其他医院高管一起做的那些不属于她日常工作的事情，实际上最让她感到满意和充满活力。她意识到，帮助他人，比领导一个医院部门更重要、更有意义。这激发了埃米的使命感。在作为教练的过程中，我们发现**帮助人们以整体视角去发掘他们的希望和梦想**（即考虑和整合生活中的各个方面），**有助于他们与自己建立联结，并形成一个更全面、更真实的自我形象**，包括激情、目标、价值观和自我认同。帮助一个人发掘个人愿景，首先是要让她思考未来的生活和工作：她在身体健康、情感生活和友谊、家庭健康、精神健康、社区参与度、财务问题等方面的梦想和期望。当然，思考自己的工作（无论是否有报酬）也是反思过程的一部分，但我们并不能假定它是一个人梦想的核心。正如我们在本书中列举的几个例子一样，教练约谈通常会同等重要地涵盖我们的职业和个人身份及相关行为活动。

————

所有的帮助行为和教练行为都与如何改变和如何维持已经发生的、希望的改变相关。要想激发并实现改变，个人愿景是必不可少的帮助人们以整体视角去发掘他们的希望和梦想，有助于他们与自己建立联结，并形成一个更全面、更真实的自我形象。

基础，因为它是一个人的激情、目标和价值观的有意义的表达；它也综合体现了我们在生活中希望做什么和希望成为什么样的人。个人愿景的打造是一个反复迭代的过程，对每个人来说都是不同的。但不管这个过程如何展开，当人们"精心打造"愿景时，教练就能够很明显地察觉到，因为此时对方往往充满活力，迫不及待地想要开始行动。这就是付诸行动时产生的灵感和内在动力。

在第 7 章中，我们将重点讨论为了保持这种能量并帮助人们将梦想变为现实，教练、管理者或其他助人者可以做些什么来培养与他们所帮助的个体之间的高质量关系。

深化学习

学习要点

1. 个人愿景是一个人对理想自我和理想未来的整体的、全面的表达，包括梦想、使命感、激情、目标和核心价值观。
2. 个人愿景应当更像是一个视觉化的梦想，而不是具体的目标。
3. 个人愿景对一个人来说应当是非常重要且有意义的。
4. 尽管一个人的个人愿景的某些方面会因生活和工作的不同阶段而发生变化，但在其他方面如核心价值观和使命感，往往保持不变。

反思与应用练习

练习 A：追逐梦想

在这个练习中，你需要准备一包便利贴和一张大的活动挂图纸。在便利贴上，列出 27 件你想要在这一生中去做或体验的事情。把每一个想法分别写在一张单独的便利贴上。请注意，这些都是你还没有开始或仍未完成的事情。建议：允许自己自由地进行思考，不要强加任何限制，回到你的童年，想象未来有一天自己在做什么。抹掉内心中批判的声音——你不可能在被批判的同时还充满想象。

在你尽可能多地写下这些梦想之后，把所有便利贴粘在一张活动挂图纸上，并把它们按主题分组，例如事业、家庭、旅行、健康、冒险、精神、物质、职业发展、娱乐。在每个分组旁写下该组的主题。

这个练习可以很容易地在小组之间开展。人们都遵循上述步骤写下梦想，当每个人都拥有一张按主题分组的、贴有便利贴的活动挂图后，请他们把活动挂图贴在房间的墙上。然后，留出时间进行一次"画廊漫步"。这为每个人提供了一个机会，让他们可以在房间里四处走动，看看别人的梦想。在解释活动流程时一定要强调，大家应当带着谦卑的好奇心，以欣赏和赞美的态度来观赏，就像在欣赏艺术品一样。有时，人们喜欢在他人的活动挂图上添加一个简短的、启发性的评论。我们见到的例子包括"你启发了我""你做到了""非常酷"等。关键是这些评论要基于尊重和肯定，而不是评判或充斥着各种建议。

练习 B：我的价值观 ●

　　以下列举出一系列关于价值观、信仰或个人特质的词供你参考。你需要确定哪些对你来说是最重要的，哪些是你生活中的指导原则。当然，这是个艰难的选择，因为其中许多的价值观和特质，对你来说在某种程度上都是重要的；因为你可能会发现自己在思考"我本应该重视 X，并把它放在我清单中的第一位"，但事实并非如此。所以，你要强迫自己去做出选择，而且要基于你的真情实感，而非生活中那些应该做的事情。

　　想象一下，你如果需要被迫放弃某一特定价值观、信仰或个人特质时的感觉，你可能会发现这种方式对于确定其重要程度很有帮助。或者，想想如果你的人生是基于某些价值观和信仰时，你会有什么样的感觉。这个想象的过程，又会让你有何种感受？有时候，当对比两种价值观时，问问自己其中一种价值观相较于另一种的重要性，你会发现这种方式也相当有帮助。

1. 圈出大概 15 个对你来说最重要的价值观词语；

2. 再从中找出对你来说最重要的 10 个词语，并把它们列在一个表格中；

3. 从这个表格中，圈出对你最重要的 5 个词语，然后按重要程度
　　进行排序。

价值观、信仰或理想的个人特质

成就	野心勃勃	归属感
成绩	帮助他人	心胸开阔
冒险	权威	关怀
爱恋	自主	挑战
深情	美丽	乐观
信仰	宽容	干净
舒适的生活	自由选择	国家安全
陪伴	自由	自然
同理心	友谊	顺从
能力	有趣	秩序
要强	真诚	和平
循规蹈矩	幸福	个人发展
知足	健康	娱乐
为他人做出贡献	乐于助人	礼貌
控制	诚实	力量
合作	希望	自豪
勇敢	想象力	理性
谦恭	改善社会	认可
创造力	独立	值得信赖
可靠	勇于创新	宗教
遵守纪律	正直诚实	尊重
经济保障	才智超群	负责任
有效性	积极投入	内敛

- 平等
- 兴奋
- 名誉
- 家庭幸福
- 家庭安全
- 灵性
- 稳定性
- 身份地位
- 成功
- 象征性

- 喜悦
- 不慌不忙
- 逻辑性
- 爱
- 钟情
- 成熟的爱
- 敢于冒险
- 团队协作
- 温柔
- 条理性

- 拯救
- 自制
- 自力更生
- 自尊
- 真诚
- 安宁
- 财富
- 获胜
- 智慧

对我来说，最重要的十个价值观

1. _____
2. _____
3. _____
4. _____
5. _____
6. _____
7. _____
8. _____
9. _____
10. _____

对我来说，最重要的五个价值观

最后，对你的五个最重要的价值观、信念或特质进行排序。其中，"1"是重要程度最高的，"5"是重要程度最低的。

1. _____

2. _____

3. _____

4. _____

5. _____

练习 C：彩票赢家

你刚刚中了超级彩票，获得了 8000 万美元。你的生活和工作将会发生怎样的变化？

练习 D：15 年后，你生命中的一天

我们来到 15 年后。你过着理想中的生活，住在一个自己梦寐以求的地方，和你最想在一起生活的人住在一起。如果工作也是你理想图景中的一部分，那么你所做工作的类型和强度都是你最喜欢的。现在，你的衣服上连接着一个网络摄像头。我们会在你的日常生活直播中看到哪些画面？你会在哪里？你在做些什么？你的身边还有哪些人？

练习 E：我的遗产

你希望在人生中留下哪些遗产？换句话说，在这么多年的工作和生活之后，将会留存或持续下去的有什么？

资料来源：这些练习摘自理查德·博亚特兹的《理想自我练习册》（The Ideal Self Workbook, 1999），曾在凯斯西储大学的课程和项目中使用过，见 "A. McKee, R. E. Boyatzis, and F. Johnston, *Becoming a Resonant Leader*（Boston: Harvard Business School Press, 2008）" 和 " R. Boyatzis and A. McKee, *Resonant Leadership: Renewing Yourself and Connecting with Others through Mindfulness, Hope, and Compassion*（Boston: Harvard Business School Press, 2005）"；并且，用于 Coursera 大规模在线开放课程《通过情绪智力激发领导力》（*Inspiring Leadership through Emotional Intelligence*）。

对话指导 ●

1. 请分享一下你的清单上最重要的三个核心价值观。从中选择一个，用你自己的话阐释一下它对你的意义，然后举一个例子来说明它的价值是如何体现在你的生活中的。接下来，轮流分享你们的某个价值观、对它的阐释和举例。在倾听他人时，请注意不要评价或批评他们的价值观。

2. 正如我们在第 3 章中所建议的，思考一下你生活中的社会关系和职业 / 组织关系。在那些你花了最多时间相处或者和你最亲近的人当中，有谁能够真正"理解"你，或者知道什么才能够让你真正"心神驰往"？

3. 你的社会身份群体是什么？例如，你穿着怎样的衣服时感觉最好？你加入了哪些体育俱乐部？你是否加入了某个社团，并从中获得了自豪感和归属感？你现在的社会身份群体是如何帮助你逐步接近理想自我和个人愿景的？

第 7 章

培养共鸣关系
倾听话语背后的声音

肖恩·汉尼根（Sean Hannigan，化名）是一位备受赞誉的成功高管，就职于一家总部位于美国的跨国工业组织。在25年的工作经历中，由于擅长监管他所领导的财务职能部门的技术复杂性问题，他获得了多次晋升，最终成为该组织的首席财务官。

鉴于事业上的成功，当肖恩得知在一项关于情绪与社会智力的360度评估中收到了上司、同事和下属们对他的一些负面反馈时，他感到有些惊讶。[1] 该评估是一项领导力发展项目中的一部分，而且该项目还会为他匹配一位高管教练。在此之前，教练已经帮助肖恩发现了他的个人愿景。接下来就该谈一谈360度评估的反馈结果了。

"看到这些反馈后，你有什么感受？"教练问他。

肖恩快速浏览了一下反馈的内容，在翻到一半的时候停了下来。他看着教练，说道："总的来说，反馈还不错。我很惊喜地看到他们注意到了我的优点。之前我听到过一些类似的反馈，但是，当你在第一线忙着攻城拔寨时，很容易就会忽略自己的长处，我就是这样的人。"于是，教练鼓励他根据评估结果，描述一下自己最独特的优势是什么，以及其他人是如何看到这些优势的。

在对他的积极反馈进行了长时间的讨论后，肖恩的教练继续问道："还有其他的反馈吗？"

肖恩低头看了看这份评估报告，说："很明显，我的同事和下属都觉得我没有很好地倾听他们的意见，有时甚至无视他们。这一点非常明确。"

他的教练追问道："你觉得真的是这样吗？"肖恩想了一会儿，说："嗯，当一些人都这么说时，就很难否认它的存在。当我从中抽离出来并进行思考后，我能够理解他们的意思，但是我的日程表已经安排得满满当当了，我没有时间浪费在这些闲聊上。"于是，肖恩和教练花了更多的时间研究报告中的其他反馈，直到他们将其提炼成一份

"个人平衡表"，其中包括了他所拥有的资产（优势）与负债（劣势）。

然后教练问："你对提升哪方面感兴趣？你会在提升哪方面时倾尽全力？"肖恩毫不犹豫地回答："当然是如何成为一个更好的倾听者。在所有这些反馈中，这一点最让我困扰。但我不知道到底该如何改进。"

幸运的是，教练知道该如何帮助他达成所期望的改变，而且，她已经开始了这个改变过程中的一个基本步骤：建立积极的教练关系。虽然肖恩在公司内外都有很多与他人合作的经验，但与管理者或同行建立高效的工作关系从来都不是他的首要任务，更不用说对他的下属了。他倾向于将工作关系视为完成某个任务和项目所需的手段或资源而已。

与肖恩的会计师、律师或医生等其他顾问不同，教练希望建立一种相互信任、支持和共鸣的关系，即我们在第 2 章和第 3 章中讨论过的那种关系。她首先通过询问他的职业和个人经历并表现出对其故事的兴趣，与他建立了融洽的关系。她还询问了他对这个教练项目的期待，并将其总结下来，作为后续教练过程的锚点。在之后的谈话中，她会和肖恩一起，把他的目标和计划按优先度排序，并定期询问他从这些对话中学到了什么，帮助他进行反思。虽然她问了许多问题，希望帮助肖恩了解他作为个人和领导者时最好的一面，但在大部分时间里，她仍然积极地倾听，并作为一面镜子，把自己听到的东西反馈给他。

在这个过程中，教练不仅更加了解肖恩，而且在更深的层次上与他建立了联结。这还会在肖恩的心里创造一个安全的空间，让他在思考和反思的同时不必担心他人的评判。如果肖恩不愿意坦诚地和教练探讨这些调查结果，或者在她面前感到被威胁或产生防御心理，他就不太可能像现在这样开放，并决心改善自身的不足。其实，教练所做的一切都证明她关心肖恩这个人，并希望他获得成功，这反过来也让信任的种子在这段教练关系中生根发芽。

　　无论助人者与受助者之间是哪种类型的关系，这都是改变过程的核心。我们将在本章的后续内容中继续讲述肖恩的故事，并探讨教练关系以及建立和培养有效的教练关系过程中的里程碑。我们还将探讨助人者自身的准备程度对互动的影响，以及积极倾听的重要性。现在，让我们先来探索一下，如何才能与被教练者和被帮助者建立共鸣关系。

共鸣关系如何产生

　　鼓舞人心、意义非凡的教练时刻和高质量的、充满信任的教练关系不会凭空产生，而是需要足够的决心、准备和实践。究其核心，**一段高质量的关系**，例如管理者与员工之间的关系，**需要双方不断地互动和对话才能产生**。当你希望或尝试帮助他人时，作为助人者，你的主要作用是促进对方的自主学习和发展。高效发展式对话（effective developmental conversations）是由我们之间时不时建立的各种联结的质量，深度倾听并保持专注的能力，以及通过有意义的讨论来激励他人学习、成长和改变的程度所决定的。

　　我们在魏德海管理学院的同人约翰·保罗·斯蒂芬斯（John Paul Stephens），在最初由简·达顿（Jane Dutton）和埃米莉·希菲（Emily Heaphy）所做的旨在描述一种高质量联结（high-quality connection，HQC）（一种积极的、二元的、短期的互动）的研究成果基础上开展了进一步探究。当你体验到一种高质量联结时，你会感到重获新生、精神振奋、精力充沛和被真诚地关照着。[2] 在互动中，积极的关注是双向的，也就意味着它是彼此共通的。双方在交流中相互表达同理心的感受根植于共同体验到的脆弱感和对彼此的回应。因此，斯蒂芬斯、达顿和希菲提出，潜在的认知、情绪和行为机制可能是建立高质量联结的影响因素。

一段高质量的关系，需要双方不断地互动和对话才能产生。

　　无论何时，高质量联结都会给助人者和被帮助者注入活力，并为打造长期的、共鸣的关系建立基础，就如同共同的愿景、同理心、由能量激活的积极情绪吸引因子（PEA）及其对每个人的更新效应（renewing effect）一样。而**积极的、有活力的联结对于建立信任感、传递与感受支持感至关重要**。正如达顿和希菲所说，即使是人与人之间的短暂交流，也能够产生高质量联结。他们用三个结构性维度来衡量这种联结：**情绪承载能力**（emotional carrying capacity）、**张力**（tensility）和**联结程度**（degree of connectivity）。[3] "情绪承载能力"允许人们分享所有的积极情绪和消极情绪。"张力"是指这种联结可以适应各种情况与环境，并且能够被重新建立的能力。"联结程度"是指这种联结能够在多大程度上鼓励创新性和对新想法的开放性。其中，"情绪承载能力"这个维度与个人及其团队所拥有的高韧性相关。也就是说，在关系中分享更多的情绪，能够让人变得更有韧性。[4]

　　学者凯茜·克拉姆（Kathy Kram）和温迪·墨菲（Wendy Murphy）提出，要想让助人关系拥有变革性的影响力，需要在关系中建立积极正向、相互分享的联结。教练或助人者与被帮助者之间要相互尊重，对双方的关系要有共同的承诺，并且都能够从交流和互动中受益。这样的关系有助于培养对学习和改变的开放性。这种发展性的关系，通常会将教练、辅导甚至是与管理者的关系，与其他传统的工作关系或辅导关系（如导师只是给学员提供建议）区分开来。从本质上讲，这种关系的核心是一种发展性伙伴关系，其过程中的重点是激励和支持学习，包括个人的、职业上的、与任务相关的学习，或是上述几种类型的组合。[5]

　　从研究结果中我们得知，通过情绪感染和社会模仿的力量，个人会在互动中受到他人的影响。所以，关系的质量是教练、管理或助人

积极的、有活力的联结对
于建立信任感、传递与感
受支持感至关重要。

关系中一个重要的考量因素。对于追求改变的个人和团队来说，这种关系为人与人之间相互的支持、挑战、学习和鼓励打下了基础。[6]当我们作为教练和助人者时，请谨记我们对彼此的心境和情绪状态有着极大的影响力，所以需要注意我们的心境和情绪正在对谁产生影响。[7]

　　根据第 3 章所提到的意向改变理论模型，共鸣关系处在模型的核心位置，并影响着期待的、持续性改变过程中的每个阶段，以及每个阶段之间的过渡期。记住，发展和改变是一个非线性和不均匀的过程，对许多人来说，这种变革是由一系列逐渐适应和重新开始的过程组成的。个人的自我觉察不会自然而然地发生，也不会凭空出现；因为若是如此的话，我们都应该能够准确地把握自己的感受并知晓其背后的成因。来自工作和家庭的压力往往会变成我们提高自我觉察和自身能力过程中的绊脚石。而支撑我们能够继续努力成长的原因，通常是我们拥有的那一个人、两个人甚至一群人的支持。正如前文所述，我们之所以把这样的关系称作**共鸣关系**，是因为这种关系提供了支持、保密性和安全感，为我们提供能量和动力，让我们真诚地反思，变得积极主动，不断去尝试。

　　现在，让我们回到肖恩的故事。为了培养这种共鸣关系，教练所做的就是表现出对于他本人的兴趣，并真诚地表达出想要帮助他的愿望。教练创造的这种环境，让肖恩可以公开坦诚地反思自我，而且不用担心来自他人的评判，信任感和心理安全感也油然而生。教练还鼓励肖恩大声说出自己的核心价值观和优点，并将这些词所代表的意义也清晰地表达出来。这种对话的方式能够培养共同愿景，并激发彼此的正能量，将教练、管理者和其他助人者与被帮助者联系在一起。这一点，我们将在本章中进一步探讨。肖恩可以感受到教练欣赏和认可他的积极品质，这让他感到自己被理解。教练把他视为一个完整的人，有优点，也有缺点，同时具备提升自己并取得成功的潜能。他们关系中的这一要素，对激励他继续前进有着重要的意义。如果他不能以全局的视角看待自己的能力，将自己独特的优势和遭遇的困难放在一起考量，那么就有可能因为过度防御或感到灰心丧气而放弃他想要做出的改变，比如提高倾听能力。

在接下来的约谈中，教练想先了解肖恩的日常生活，随后再和他一起制订计划，帮助他成为一个更好的倾听者。她了解到的信息包括：他的工作是与其他高管一起，通过监管全球各地的金融业务来支持首席执行官在战略上领导全球企业；他与华尔街分析师们的关系融洽，乐于为每个季度的投资者电话会议做准备；肖恩的直属团队包括8位来自企业和世界各地不同业务部门的财务主管。

一开始，教练问道："假设我是你的直接下属之一，给我讲讲平常我们是如何互动的吧。先从地点开始，假如我们在你的办公室里，我会看到些什么？"肖恩回答道："我有一张对着窗户的桌子，上面有两台电脑，一台用于公司内部业务，另一台用于跟踪股票情况。前面还有一张正对着门的桌子，我的椅子在两张桌子中间。我在办公室的大部分时间都在盯着这些电脑屏幕。"

"所以，你背对着门坐？"教练问道。

"基本上是这样的。"

"好的。"她说，"那么，无论之前是否预约过，现在我来找你谈话了，接下来会发生什么呢？"肖恩把场景描述了出来：直接下属或同事站在门口，而他却还是背对着他们，盯着两块屏幕，一动不动。他解释说，他讨厌"为了开会而开会"，所以他的谈话总是简短而温和的。他也不喜欢微观管理，所以除非有重要的进展报告，或者有人需要帮忙解决问题，否则他认为没有什么见面的必要，他会把谈话时间控制在 10～15 分钟，而这期间对方通常都是一直站在门口。

在 360 度反馈中，下属和同事都觉得肖恩不愿在他们身上花时间，也不愿意听他们要说什么。而在与教练的对话中，肖恩渐渐觉察到他对人际关系的定义完全是功能性的，只专注于完成任务或解决问题。觉察到这一点后，他看着教练，说："难怪大家都觉得我没有听他们讲话！他们一定觉得我是个混蛋！"然而，教练却不同意这样的自我评价。她唯一认同的是，在大多数时候，肖恩更关注问题或任务，而不是人，这将会成为他高效领导团队的阻碍。

在接下来的几个月里，为了建立更好的工作关系，肖恩在行为上做了一些新的尝试，以调整他与直接下属和同事间的互动方式。这些调整包括从办公桌后面走出来，远离电脑屏幕，因为这是一项重要的干扰因素。肖恩开始在会议室与他人会面，后来又回到办公室的小桌子旁。他每月都会安排与直接下属进行谈话，但没有固定的议题。在这段时间里，下属们可以用他们想要的任何方式来表达任何事情，而他主要是认真地倾听，并偶尔追问几个问题。为此，他还专门找了一个不受干扰的地方与大家会面。一开始的感觉很奇怪，他不断与"这是在浪费时间"的想法做斗争。但几个月后，肖恩发现人们对他更开放了，随着更多信息的分享，他对周围的人在工作中甚至工作之外遇到的事情都有了更多的了解，他感觉和他们的联系更紧密了。

肖恩的故事告诉我们，有时候，只是迈出一小步，例如从办公桌后面走出来，与他人真诚地交流、积极地倾听，就能收获很好的效果。这是因为行为的改变意味着我们的思维和习惯也在一点一滴地发生变化。肖恩的故事也讲述了一段引起共鸣的教练关系是怎样的，以及教练如何培养这种关系。在过去的 12 年里，我们与凯斯西储大学教练研究实验室的同事共同研究了在各种情境下的人际关系质量。就像肖恩与教练的关系所展现的那样，**我们用三个维度来定义一段高质量的关系：共同愿景、分享同理心和共享关系能量**。我们已经看到，这三个维度如何持续对一系列领导力和组织成果产生强大而积极的影响，例如参与度、效率和幸福感。[8]

改变的开始，需要希望这种改变持续下去的个人愿景的帮助。同样地，教练与被教练者的共同愿景有助于创造一个更大的、充满希望的未来图景，从而让使命感成为他们互动的出发点，而不是某些目标和任务。所以，无论是管理者与下属之间、教师与学生之间、医生与病人之间，还是伴侣之间，拥有共同的使命感，会比更好地管理时间、更多地进行锻炼，或计划一次家庭旅行这样的任务更重要。当两个人或更多的人创造共同愿景时，他们会通过深度的联结来产生共鸣。他们的对话将会更富有内涵，而不仅仅是为了完成短期目标。他们似乎开始彼此同频了。

研究重点

魏德海管理学院组织行为学系和教练研究实验室的教师和博士生们进行了广泛的研究，探索在各种情境下，共同愿景、相互表达的同理心和关系能量对创造积极情绪或消极情绪的能力的影响。最初是使用积极 – 消极情绪吸引因子测试（positive-negative emotional attractors survey，PNEA Survey）来测量人际关系中的积极情绪吸引因子（PEA）和消极情绪吸引因子（NEA）；后来迭代为目前使用的方法，即关系氛围测试（Relational Climate Survey）。[9] 下面列举了此研究中的一些总结性成果。

我们用三个维度来定义一段高质量的关系：共同愿景、分享同理心和共享关系能量。

- 375 名 2 型糖尿病患者，在与医生进行关于未来健康状况的愿景共创之后，就会更加遵照医嘱，也就是更愿意坚持治疗。这与传统的医患关系略有不同。[10]

- 85 位银行高管分两次与一位教练进行约谈，并通过两种工具——积极 - 消极情绪吸引因子（PNEA）和员工教练关系感知质量（Perceived Quality of the Employee Coaching Relationship，PQECR），对关系的质量进行测量。结果发现，高质量的教练关系放大了情绪与社会智力能力对领导者的个人愿景、工作投入度和职业满意度的影响。[11]

- IT 行业的管理者和专业人士之间的同理心表达，可以在两个不同的维度上预测其敬业度。[12]

- 一项针对 218 名社区大学校长的研究发现，拥有共同的愿景能够提升教师的敬业度。[13]

- 更具领导力的内科医生能够建立以共同愿景为特征的医患关系，以增强其社交智力的影响力。[14]

- 当高科技公司的高管与下属们的关系中包含更大的共同愿景、同理心和关系能量时，这种团队比其他团队更能够在产品上推陈出新。[15]

- 当家族企业中的关系经历了更多的共同愿景时，接下来五年的财政状况和下一代领导者的发展状况会有明显提升。[16]

- 与父亲有共同愿景的女儿，会比其他兄弟更有可能成为家族企业的接班人和首席执行官。[17]

- 在咨询和制造业的团队中，团队成员感知到的共同愿景的程度，能够增强其集体情绪胜任力对敬业度的影响。[18]

- 在一家大型国际制造公司的研发部门中，当工程师们能够更加了解团队的共同愿景时，他们对项目的投入度会显著提升。[19]

真正的伙伴关系，源自在理性和感性层面上对彼此、对可能发生的事情的共同承诺，而不仅仅是交流彼此的想法。其中，共同愿景能够传递希望和目标感，相互表达的同理心能够让人感到被照顾。这种关系中存在的相互关心和信任的感觉，让双方都感到被欣赏和照顾。相互或共享的同理心（即对其本人的关心，而非因为其身份）是助人者与被帮助者能够紧密联系在一起的黏合剂。正如第 3 章所述，通过促进关系中的希望、乐观、专注、关心和活力，人们能够激活自身的 PEA 以及其希望激励和帮助的人的 PEA，对健康等方面产生有益的影响。

除了共同愿景和分享同理心之外，其他研究人员就教练关系中还有哪些相关并值得注意的因素提供了额外的思路。阿克伦大学（University of Akron）的学者们认为，高质量的教练关系具有四个维度的特征：关系的真实性、有效沟通、关系的舒适度，以及能够共同成长的程度。[20] 另一组研究人员在一所军校中进行教练关系的研究，发现融洽的关系、信任程度和恪守承诺十分重要。[21]（在发展教练关系时要谨记的关键注意事项，请参阅"教练的道德规范"一栏。）

教练的道德规范

作为一名职业教练，你必须遵守一些重要的行为准则。这些行为准则能够确保职业教练保持最高的专业水准。各类教练组织都会要求其成员遵守职业道德规范，所以一定要熟悉现有的道德准则。虽然我们无法在此列出所有教练组织的准则，但现在已经有两个特别完善的、公开的道德准则，分别来自资格认证与教育中心（CCE）和国际教练联合会（ICF）。这两个组织提出的行为准则涵盖了面对客户时的职业操守、利益冲突以及保密性和隐私等方面。大家可以在其官方网站上找到更多的信息。

我们能确定的是，从助人关系的本质上讲，每个人都应当将道德上的考量摆在重要的位置。总之，对于管理者、教师、家长、医生、牧师等角色而言，这四项基本原则都是教练工作最重要的基础。首先，助人成长和发展是主要目的。无论如何，教练的首要目标就是帮助他人实现他们的梦想，成长为最好的自己。借用芭芭拉·弗雷德里克森的话：**教练的精髓就是拓展和建立，而不是操纵或控制。**

其次，对职业教练而言，无论客户是个人还是组织，一定要签订合同。这份书面合同需要经过相关各方的同意并共同签署，其中明确了角色、职责和期望。也可以把教练流程中的要点和完成工作的时间周期写入其中。

然后，保密。教练与被教练者之间的关系是深刻而复杂的。所以，在任何情况下都需要保密。作为教练、管理者或其他助人者，你必须保护个人的隐私权。让谈话的内容只保留在你们两个人之间，这也表明你是值得信任的。信任是脆弱的，它可能需要数年的时间才能建立起来，却会因为一时的误判而瞬间崩塌。（如果你是一名职业教练，你需要在合同中加入保密性条款。在开始担任教练之前，你需要与对方讨论这一点，并确定你们将通过什么方式交换信息。）

最后，了解并保持你与被帮助者之间的边界。如果对方主动提出，或你意识到对方存在超出你的教练能力范围之外的特殊情况或医疗问题，那就把对方推荐给其他可以提供帮助的专业人士。你可能还会遇到对方家庭方面的问题，如离婚或有个问题孩子；或心理健康方面的问题，如抑郁或焦虑；还有经济方面的困难和担忧，以及违法方面的问题。与保持边界同样重要的是保持关系的职业性。（当然，除非你教练的对象是你的孩子或朋友！）有时候想要做到这一点很难，因为如果处理得当，教练关系会让双方产生联结和亲密感。因此，记住不要模糊职业关系与私人关系或恋爱关系之间的界限，需要时刻关注被帮助者的福祉。

这些都是通用的准则，而非一份完整的清单，分享它们只是作为一个起点。最好的准则是用心坚持教练的目的，即"不造成伤害"。如果你是一名职业教练，你需要随时了解道德准则方面的最新进展，并时刻关注潜在的道德问题。

教练的思维模式

作为一名教练，你在约谈中的思维模式和所运用的技巧同样重要。当你感到内在失衡时，你就无法在教练他人的过程中取得很大的进展。所以，就像练习实践一样，准备就绪的状态非常重要。本书中，我们提到教练会以多种形式出现，而作为家长"教练"孩子，就是其中之一，特别是在孩子到达某个人生的过渡阶段时。请以本书的作者之一，埃伦的故事为参考，看看她是如何教练她的女儿莫琳（Maureen）对未来做出选择的。

在莫琳上高中的最后一年，一个秋天的晚上，埃伦教了一整天的课，所以很晚才回到家。看到她的丈夫正在把晚饭摆上餐桌，她松了一口气！这真是漫长的一天，她想到由于没有去杂货店，冰箱应该是空的，所以这顿饭就是丈夫准备的惊喜。今天，为了参加莫琳学校的一个关于申请和支付大学学费的说明会，她不得不克服交通高峰期和高速公路施工的种种困难赶往学校。

说明会期间，学校的辅导员们介绍了一大堆的申请细节，这让埃伦感到自己的压力越来越大。她很想知道："申请大学什么时候变得这么复杂了？"她还发现自己回忆起莫琳小的时候，那时的生活是多么简单。"我不是昨天才参加过幼儿园的家长会吗？""时间都去哪了？"辅导员们强调了学生需要遵循的每一个重要步骤，从注册最后一轮的标准化考试到最终确定要申请学校的名单，再到写申请书。最终，埃伦带着三页的笔记和头疼的感受离开了说明会。

饥肠辘辘、精疲力竭的一天过去了，她和家人们坐在餐桌旁。埃伦急着与莫琳分享她在家长会上了解到的信息。她用好奇的口气问女儿："关于申请大学，你有什么新的想法吗？"

"是的，我有，"莫琳淡淡地回答道，"但我还想多去了解其他的学校。"埃伦很惊讶，因为这个夏天她们已经参观过了几所大学，莫琳也已经列出了她感兴趣的5～7所大学名单。坐在厨房的餐桌旁，埃伦感到自己从说明会就开始出现的焦虑情绪正在蔓延。尽管如此，她还是提醒自己，女儿可能正对她所要做出的选择感到不知所措。

埃伦决定换一个问题。她尽可能温和地问道："你的申请书写得怎么样了？"大学的招生顾问们都给出了一样的建议：申请一旦开始，就立刻准备写申请书，千万不要等到最后一刻。然而，整个夏天过去了，出于一些埃伦不知道的原因，作为优等生的莫琳仍不愿意提笔写申请书。她就好像失去了勇气，无法开始这个过程。

"我还没开始呢，"莫琳一脸恼怒地回答道，"我会在下周的英语课上开始准备。"突然间，埃伦脑子里的一根弦断了。那种不堪重负、身心俱疲的感觉突然朝她袭来，她愤怒地说道："到底是怎么回事？你已经浪费了整个夏天的时间。是时候停止拖延，开始写申请书了！"

　　莫琳沉默着，眼睛瞪向窗外。埃伦立刻就对自己所说的话感到懊悔。很明显，这次沟通进行得很不顺利。她想帮忙，却失败了。她知道，自己失去了一次与女儿建立积极联结并鼓励她开始写申请书的机会。由于莫琳的回应让埃伦感到十分沮丧，她不再继续倾听女儿，也不再表达出同理心。

　　后来，埃伦开始反思自己本可以做得更好的地方。她意识到，最重要的一点就是在尝试开启这种可能激起紧张气氛的对话前，要对自己的情绪和身体状态进行评估。如果当时她能更好地感知自己，她就会意识到自己很疲惫，不适合做教练，甚至无法很好地倾听他人。也许换一天，当她和莫琳都比较放松的时候，她需要再试一次。而这次，她回忆起自己在十几岁时的感受，试着更体谅女儿在探索人生道路时所承受的压力。她会尽量站在莫琳的角度，提出更多与 PEA 相关的问题，而不是站在莫琳的对立面。比如，这样的问题："你在大学里最想学习、尝试和完成的是什么？""在学校里，哪门课让你有一种迫不及待要去听下一节课的感觉呢？"这会帮助莫琳看到更多的可能性和个人愿景，而不是用让人内疚的问题诘问她，这只会引发压力和焦虑，让她更加封闭自我。

　　正如埃伦的亲子教育故事所阐明的那样，助人者的思维模式和情绪状态是决定沟通进展方向的基础。接下来，我们将分享一些基本准则，以确保教练在互动中能够更加专注。

教练的支柱

　　为了帮助你在教练对话时保持能够建立和培养高质量教练关系的

心态，我们在此列出了三个支柱。**支柱一：相信个人的改变是一个过程，而非一蹴而就**。个人成长和发展需要时间。在培养新习惯的过程中，一个人需要在不断地实践和反馈中提高开放性、觉察力和能量，才能产生思维方式和行为的变化。这一点，对于助人者、被帮助者或寻求改变的人都是一样的。我们需要给自己犯错、成长和提升的空间。改变的过程不会在一夜之间突然发生，但是在时间紧迫和日常压力下，我们经常忘记这一点。

例如，埃伦关于女儿未来发展的教练并不是从那天晚上的餐桌上才开始的。在过去的一年里，埃伦一直在帮助莫琳思考适合她的大学和专业方向。于是，随着时间的推移，帮助莫琳认清自己想要做什么，探索最适合自己的大学的过程也在进行中。但在晚餐那个特定的时刻，埃伦陷入了消极情绪中，想要立即得到答案。无论我们多想要给予对方帮助，这种方式也从来都不会奏效。幸运的是，她和女儿已经在长时间的相处中建立了联结，而且埃伦知道，当她恢复了内在的能量、达到内心的平衡时，她还能继续为女儿提供帮助。

支柱二：把教练看作一次淘金的机会，而不是在挖土。几年前，刊登在《休斯敦商业杂志》（*Houston Business Journal*）上的一篇文章，成了我们教练培训和认证项目中的一个热门话题。[22]19 世纪晚期，安德鲁·卡耐基（Andrew Carnegie）是美国最富有的人之一。这位来自苏格兰的贫苦移民，年轻时做过很多工作，最终成为美国最大钢铁制造企业的领导者。曾一度有很多百万富翁在卡耐基麾下工作，这在当时十分罕见。一名记者想要了解他的秘密，于是采访卡耐基，问他怎么可能有那么多钱付给这么多人呢。卡耐基解释道，人的成长就像在开采金矿。他说："为了得到一盎司⊖黄金，必须挖走好几吨的泥土，

⊖　1 盎司＝28.349 5 克。

但你到金矿去可不是为了挖泥土，而是为了去找黄金。"优秀的教练会在教练对话中寻找他人或团队身上的黄金。这是常识，但这种做法却并不是很常见。即使是出于一片好心，最好的教练也可能会错过找到黄金的机会。就像埃伦和女儿的故事一样，由于情绪失控，她错过了一次能够帮助莫琳找到自己的优势、看到自己独特天赋的重要机会，相反，她暂时性地关闭了任何对话的可能性。

支柱三：**对话的主题应该由被教练者决定**。这意味着虽然教练是整个过程的管理者，但其本质是为了帮助对方，而不是为了让教练分享自己的建议或经验。所以，需要保持主题的灵活性，不管对方如何变换，都能够随之而动。作为过程的管理者，最重要的是知晓最终的目标并一直朝它迈进，但也要让对方在如何利用你们在一起的这段时间方面有发言权和选择权。正如埃伦的故事所述，她的错误就是自己决定了与女儿对话的主题，而不是让莫琳来决定。也正因为她未能意识到自己的能量状态，导致其无法像理想中的那样以同理心回应女儿。

除了这三个支柱之外，建立高质量的教练关系最重要的因素是：在全身心投入的同时，也要时刻关注彼此的状态。即使是最有经验的教练，也应当在教练的过程中注意这一点。培养信任感和给予对方支持感的一个关键因素是全神贯注、深度而积极地倾听。接下来，我们将对此进行进一步探讨。

弦外之音

回到肖恩的故事，在对他的正向反馈进行长时间的讨论之后，肖恩的教练问了一个至关重要的问题："还有什么？"

直到这时，肖恩才承认他看到了那些负面反馈，以及那些反馈对他产生的困扰。"还有什么"（也可以是"告诉我更多"）是我们最喜欢的问题之一。我们总是鼓励我们的学生在教练对话中囊括这个问题，因为它表达了一种对他人更深层次的思维的强烈兴趣，让这个问题本身就很有吸引力。它还表达了一种开放的态度：不管是多么让人难以启齿的事情，我都愿意去听。通常，这个问题能够引出一些出乎意料的信息，甚至会让回答者都感到大吃一惊。

回想一段他人被你充分吸引的经历，当你意识到对方把注意力全部放在你说的话上，并试图理解你的想法或感受时，如果你和大多数人一样，你会觉得这种感觉棒极了！你感到被尊重、被关心，甚至被爱。你感到与众不同。作为人类，我们都希望被理解和被欣赏。所以，当倾听他人说话时，我们要表现出对他们所说的话十分在意和重视。

倾听是帮助我们与周围的人产生共鸣的关键。它能让人们获得对彼此的信任感。当我们在心理和情感方面感到安全时，倾听能够让对方也在心理和情感方面获得安全感，更乐于接受新的想法和体验。但在工作场所中，深度倾听的重要性往往被表现欲和展示专业性的压力所掩盖。

倾听就是深思熟虑、认真地听。[23] 积极倾听就是把你全部的注意力放在对方身上，用你所有的感官去"听"。积极倾听的目的是充分理解对方的想法或思想，并表现出对其观点的尊重（即使你并不认同这一观点）。通过你说的话和非言语信息，你应该努力传达出：即使你可能赞同、也可能不赞同对方的观点，但首先你想要去理解他们的想法和感受，也接纳和尊重他们所说的话。

说到倾听，大多数人都会感到很纠结。我们习惯于打断别人的话，并替对方把话说完，还会对他人的话语给予评判。在 30 秒内，我们不仅会自认为已经知晓对方在想些什么、感受到什么、想要说什么，还会无法抑制自己的冲动，想要给他建议、忠告或命令。

在 1952 年发表于《哈佛商业评论》（*Harvard Business Review*）的一篇文章中，哈佛商学院的教授卡尔·罗杰斯（Carl Rogers）和 F.J. 斯特利斯贝格尔（F. J. Roethlisberger）认为，对听到的东西进行迅速判断的冲动是我们的本能，它会给倾听、学习和开放式交流制造障碍。当听到某人的言论时，我们立刻就会产生同意或反对的倾向并做出回应，这不仅是对于这个人所说的话的回应，还包括我们对于自己想法的回应。当丰富的情感从谈话中涌现时，我们的回应也会带有强烈的情绪。随着情绪和张力的不断加剧，交流就会终止，相互学习和理解的希望也会就此停滞。[24]

在教练的过程中，倾听对方时可能会出现进一步的情绪崩溃。这听起来很矛盾，因为教练本身就是在锻炼自我觉察和情绪自控能力，尤其是在倾听的时候。但这其实是一把双刃剑。控制自己的情绪可不是一件容易的事情，当教练有意识地压抑说话的冲动时，就有可能激活他自己的 NEA ！

最好的教练都是很好的倾听者，这点毋庸置疑。但作为人类，我们很容易就会分心。我们会困在自己的想法里，当我们认为自己在积极地倾听别人时，我们往往只是在思考自己接下来要说什么。我们对倾听的能力和兴趣其实都流于表面。我们在听的，只是脑海里模拟出来的对话，而非在全神贯注地倾听对方。

积极倾听需要投入大量的注意力、精力和能量。首先，这需要深刻而真实的自我觉察，意识到我们是谁，以及我们能为教练对话带来些什么。这还需要我们意识到自己的偏见。用完形心理治疗师罗伯特·李（Robert Lee）的话说："我们的假设和刻板印象，会成为我们在倾听他人时的滤镜。我们不会从他人的角度去倾听他们。我们只会通过滤镜，从自认为是他人的角度去倾听他们。因此，觉察到内隐的偏见，是我们能够保持真诚的关键。这让我们能够敞开心扉，充分倾听我们面前的、电脑屏幕上的或电话那边的人所说的话。"[25]

研究重点

　　提升我们的觉察和能力，成为全神贯注的倾听者，有利于巩固积极而富有成效的教练关系。研究员盖伊·伊扎科夫（Guy Itzchakov）和阿维·克卢格（Avi Kluger）对专注的听众和分心的听众进行了几项研究。在一项研究中，114名本科生被随机分到与专注的听众或分心的听众进行配对。当演讲者感到听众在非常认真地倾听时，他们的自我觉察更强，焦虑程度更低，更能清晰地表达自己的观点。并且，与分配到分心听众的人相比，他们能更好地反思自己的优缺点。他们还报告了影响他们讨论话题的更复杂和多层次的因素。他们可以更全面地思考，并能够更加展望未来。从这些研究中，研究人员得出结论：专注而共情的倾听，能够让他人感到更放松，更有自我觉察，并提升其坦率地进行反思的能力。

资料来源：G. Itzchakov and A. Kluger, "The Power of Listening in Helping People Change," hbr.org, May 17, 2018.

深度倾听伴随着对他人的觉察。当我们调用所有的感官去倾听时，意味着我们听到、看到和感受到对方正在分享、展示和经历的东西。我们在听声音的同时，也会注意到情绪和非语言的表达。我们会关注措辞、面部表情和语气；我们会观察到眼睛放光，眉头紧锁，在椅子上坐立不安；我们会感受到语音、语速和呼吸的变化……这一切都是为了能够理解对方并创建一个安全、支持的空间，让对方能够在其中反思和学习。

在助人关系中，教练和助人者依赖的一种内部资源是同理心。同理心意味着我们要设身处地为另一个人（或群体）着想，想象对方看到了什么、想到了什么、感觉到了什么，就好像我们成了对方，但同时意识到我们并不是对方。我们的同事，来自哈佛医学院的海伦·里斯（Helen Riess）认为，由于拥有**镜像神经元**，即运动前皮层的特殊脑细胞，我们天生就具备同理心。她解释说："在它们被发现之前，科学家们普遍认为我们的大脑运用逻辑思维来解释和预测他人的行为。而现在，我们相信这些神经学上的'镜子'和共享回路不仅能让我们能够理解他人的想法，还能与他人感同身受。"这些特殊的神经元使我们能够与他人在认知层面建立联结，形成了里斯所说的共享心智智能的基础，即与他人的认知同步。[26]

同理心有三个不同的维度，即认知、情绪和行为。这有助于加强我们在助人关系中的联结或纽带。[27]第一个维度**认知同理心**是指利用神经网络中与分析处理有关的部分，从概念上理解另一个人的观点。当我们集中注意力收集信息以形成对个人或环境的整体认知，并努力学习和理解对方的观点时，就会利用分析网络。第二个维度**情绪同理心**是指一种与另一个人在情绪上协调一致并能够感同身受的能力。例如，当你的同事因努力工作而得到晋升时，你会感到激动；或当最好朋友的母亲因突发疾病去世时，你会感到悲伤和压抑。情绪同理心会激活我们大脑中的情绪中枢，或者称之为共情网络。当我们意识到自己和另一个人有相似之处时（比如都在同一个地方长大，在高中都参加同一个校队，拥有相同的宗教或政治观点），我们更容易产生情绪同理心。而当两人之间差异很大时，通常无法立即或本能地产生同理心。

同理心的第三个维度是**行为同理心**。由于它指的是以某种方式帮助他人的动力，所以也被称作**共情关怀**。当我们的思维和感受融合在一起时，它会促使我们想要有所行动。当你感到一种内心的冲动，想要以行动帮助他人时，这就是共情关怀。

根据教练各自具有的独特性格，每个人对教练使用的一系列情感表达所做出的反应可能也会各不相同。情绪上的同频能够建立一种情感联结，而采用分析性的方法则会给人这样一种感觉，即教练可能对解决某项问题更感兴趣。并不存在一种最好的方法。事实上，若想真正帮助他人，我们需要利用各种形式的同理心：能够与他人同频的能力，对理解他人的渴望，以及愿意成为一个积极的参与者，在他人发展和改变的旅程中为其提供帮助。

对于在倾听方面存在困扰的人们来说，希望依然存在！倾听是一门艺术，也是一项技能，是可以被培养的。亨利·吉姆斯-霍斯（Henry Kimsey-House）、凯伦·吉姆斯－霍斯（Karen Kimsey-House）及其同事菲利普·桑达尔（Phillip Sandahl）和劳拉·惠特沃斯（Laura Whitworth）提出，倾听分为三个层次，而联结和教练关系正是通过这三个层次建立的：[28]

- 第一层的倾听，被称为**联结层次**的倾听，是指在倾听他人时，判断其所说的话对我们个人来说意味着什么。倾听者会把关注点放在自己身上。这个层次的倾听，能够通过与对方建立个人层面的联结，为后续对话打下基础。
- 第二层的倾听，被称为**专注倾听**。在这个层次，我们将全部的注意力集中在对方身上，并通过同理心和直觉，和对方进行更深层次的理解和联结。
- 第三层的倾听被称为**整体倾听**，是指运用我们所有的感官来"倾听"，而不只关注在语言上。在继续给予对方全部注意力的同时，我们会从更大的背景和更广泛的环境的角度去思考我们所听到的内容，以及那些没有被明说的内容。

第一层的倾听能让我们与他人建立联结。这种倾听经常发生在工作场合，例如当我们在社交活动中遇到某人或共同参加团队会议时，一个人讲述着他在自家的湖边别墅度过的周末，而你的周末则是待在同一个湖边租的一所房子中，最后话题又来到你们在这里最喜欢的餐馆。这种倾听很重要，因为正是与他人的种种联结构成了我们职业和个人关系的基础。但要想有效地进行教练，我们需要超越联结层面，从第二层和第三层进行倾听。而为了建立高质量的关系和真正地帮助他人，我们需要再向前一步，用我们所有的感官去倾听。

在此，我们可以提供两个简单的小技巧，帮助你保持专注并更好地倾听。首先是二八定律。作为教练、管理者或其他助人者，尽量让自己只占用 20% 的说话时间，把剩下的 80% 留给被帮助者。这样有利于把焦点放在对方的身上。另一个受欢迎的技巧叫作 WAIT（"Why am I talking"中每个单词首字母的缩写），也就是"为什么是我在说话"。当你发现自己在不断地说话时，这就不是教练；你要么是在讲述自己的故事，要么就是在教导、管理或指挥。记住 W-A-I-T 这一技巧，你就能够让自己保持在正确的对话轨道上。当你发现自己说得太多时，就用一个问题把焦点从你和你的故事转移到被教练者身上吧。

————

我们希望你在本章中找到了一些有意义的内容和实用技巧，能够帮助你建立和培养高质量的助人关系。在第 8 章中，我们将探讨组织如何通过各种方式（包括同侪教练、高管教练和使用外部教练）来努力构建教练文化。

深化学习

● 学习要点

1. 教练与被教练者或助人者与被帮助者之间的关系，是任何发展型关系的核心。而这类高质量的关系需要彼此产生共鸣，因此，这类关系的特点是积极的情绪基调、共同愿景和表达对彼此的同理心。

2. 在试图教练或帮助他人改变时，要用教练的心态来应对这段关系。改变是一个过程，而非一蹴而就。它需要时间，你要相信，黄金存在于每个人的内心，而你的主要工作就是搬走成吨的泥土，寻找内在的宝藏。在此期间，把注意力放在对方身上，而不是放在流程或问题本身上。经常性地促使对方去推动议题的进展，而不是由你来主导推进。

3. 教练做到深度而积极的倾听，是建立高质量的助人关系的基础和必要条件。

● 反思与应用练习

1. 在接下来一周左右的时间里，请你注意与他人的对话。观察别人是否在听你说话，如何听你说话，以及你是如何听他们说话的。注意在对话中显露的每个人倾听他人的模式。

2. 在你上班的路上（开车上班时不建议这么做），或者上午休息的时候，回想一下早上你与伴侣、孩子、父母或室友的互动。你们都谈了些什么？你有认真倾听吗？你听到他们说了什么？他们对互动的感受是怎样的？

3. 每天在工作中专注地倾听一次对话，无论是在小组会议上还是一对一的交谈。随后再去找那个人，告诉对方你从对话中听到了什么，你觉得他想表达什么。验证这是不是对方想要表达的意思。

对话指导 ●━━━━━━━━━━━━━━━━━━━━━━━━━━━━

1. 在学习小组或工作小组中，针对你在某次共同参与的会议上的观察进行讨论。在会议中，你注意到哪些人在积极地倾听和关注他人？你注意到哪些人出于某种原因而分心或心不在焉？你的这些观察发现，对会议的成果有什么影响？对人与人之间的关系有什么影响？

2. 想一想，在上面提到的那个会议上，是否有一些人并非在相互探讨，而是在对别人进行说教或是滔滔不绝地说个不停？这些人的行为举止或与其他人的关系有什么特殊之处？把这些人和上面那些专注于倾听他人的人进行对比，这两种行为有什么不同？

3. 回想一下，上一次你感到对方（可能是伴侣或同事）看上去十分专注，但实际上并没有认真在倾听的对话。那时候，你有什么感受？

第 8 章

打造教练 / 助人文化
组织的变革之路

作为人才管理和人力资源高级总监的杰夫·达纳（Jeff Darner）首次将教练引入富俊集团（Fortune Brands）旗下的品牌公司摩恩（Moen）时，他经历了一段极其缓慢的转变过程。正如他所说，高管们"不习惯去询问他人的感受"。[1]而且，摩恩公司的管理者们感到连完成日常工作的时间都非常紧迫了，所以只能将发展性对话视作他们长长的待办清单上的又一项任务而已。但是，通过一些培训和对话，这种氛围逐渐发生了变化。那些曾经觉得自己连交谈的时间都没有、更不用说去倾听对方的管理者们，现在都愿意花时间做这件事了。他们甚至报告说，在会议结束后的大厅里，经常能看到管理者之间或管理者与员工之间进行着日常的、轻松的教练对话。

这就是我们在帮助组织创建的教练文化，而现在，通过本书，我们希望能够分享在这个过程中的经验教训。具体来说，当人们通过教练激活积极情绪吸引因子并获得了帮助他人的能力时，有效的教练文化就在这个组织中发展成形了。

在其他情况下，例如在我们的家人、朋友之间，或在社区内，形成这种能够助力彼此成长、学习并对新想法持开放态度的氛围，将有助于我们适应这个不断变化的世界。这样的关心也有助于建立或维持更有共鸣的关系，正如前文所述，这种关系通过让助人者以及其他人定期处于积极情绪吸引因子的状态来使他们获得帮助。所以，本章讨论的重点虽然集中在工作组织上，但其中所有的观点和案例都适用于在其他情境下创建发展性文化。

将教练引入工作组织

当然，教练对于组织来说还是一个相对较新的概念。虽然在 20世纪 60 年代末、70 年代初，企业就开始引入教练，但直到 20 世纪 90 年代末、21 世纪初，这才成为一种惯例。直到现在，我们仍在不断地探索教练的多种形式，并寻找各种方法去完善它。在这个过程中我们意识到，教练关系是一切的核心，特别是当我们考虑到组织需要的是能够引发共鸣、激励和吸引他人投入的领导者时。我们还意识到，教练能够提升组织中某些特殊和高风险群体的职业前景，比如新兴领导者、少数群体和女性。与此同时，教练还能帮助到我们的家庭和那些感觉被排斥或被边缘化的人。

例如，我们知道，在美国，女性在组织中无法像男性那样频繁地接受教练。根据我们的朋友兼同事、托莱多大学（University of Toledo）教授玛格丽特（米吉）·霍普金斯 [Margaret（Miggy）Hopkins] 和博林格林州立大学（Bowling Green State University）教授德博拉·奥尼尔（Deborah O'Neil）的说法，女性"面临着截然不同的个人和组织现实困境"，而教练能够帮助她们解决这些问题。在我们之间多次的讨论中，米吉和德博拉指出，担任领导岗位的女性仍然不多，而且女性群体的薪酬也过低。而教练可以为职业女性提供一个安全的环境，让她们能够在男性主导的领域中应对职业发展之类的问题，并思考工作与生活的融合。她们还发现，研究人员建议通过教练来帮助女性和少数族裔表达出自己独特的想法，并在组织结构中获得晋升。你可以看到，在我们的家庭和社区中也可能会出现类似的情况。

但正如杰夫·达纳在摩恩公司引入教练时所发现的那样，教练他人并不是一件容易的事，尤其是在刚开始的时候。而且，即使是在引入教练很久的组织中，教练他人也可能是一种挑战。例如妮露法·戈兹（Niloofar Ghods）作为思科系统（Cisco Systems）教练项目的负责人，在刚接手这份工作时，她期待着能够为数千名思科的高管和专业人士提供各种各样的发展选择。但万万没想到，她的第一项任务竟是评估如何分配已经到位的大量教练。虽然思科在教练上投入了数百万美元的资金，但只有很少一部分教练正在为公司和员工提供服务。正如妮露法所描述的那样："我不得不进行整顿。"[2]

从许多《财富》（Fortune）500 强公司学习与发展部门的高管那里，我们也了解到类似的情况。和妮露法一样，他们发现必须首先从调查和记录已经提供了多少教练服务及由谁提供这些教练开始。之后他们才能研究出人们触及教练的最佳方式。此外，确保稳定的教练质量和控制成本也是一项重大挑战，妮露法通过为所有合作教练（包括内部和外部教练）制订培训和认证流程，为思科解决了这一问题。

其他组织在发展方面所面临的挑战，远比记录和提供最好的教练服务要复杂得多。埃米·格拉布（Amy Grubb）负责为美国联邦调查局 2.5 万名员工匹配对应的人才发展培训（有时会包含教练项目）。联邦调查局的领导们除了工作本身的压力之外，每天还生活在公众的注视之下。因此，他们必须在对外公布案件结果的同时，以某种方式在党派政治的要求之间周旋。虽然联邦调查局在录用新高管或将某人调到新岗位时会自动为其匹配教练，但埃米还是建立了一套能帮助领导者根据自身需要匹配教练的方案。然而，当联邦预算变得紧张时，她开始鼓励大家更多地通过正念来进行"自我教练"。[3]

正如这些案例所示，创建有效的教练文化需要一系列的管理技能和缜密的洞察力——从评估整体需求并分配教练，到时不时集中进行教练的培训和认证以确保质量。在这些案例中，我们还能看出在组织中提供教练服务的三种基本方法：①对员工进行鼓励和培训，让他们相互之间或在小组内能够进行同侪教练；②为员工匹配内部或外部教练（指那些接受过专业教练培训的人，他们通常经过了一些专业机构的认证）；③教育、培养管理者和高管，让他们能够教练下属和其他人。我们将依次介绍这三种方法。

同侪教练

同侪教练是在组织内打造教练文化的方法之一，也有益于在家庭、团队、社会团体甚至社区中形成一种互帮互助或运用同理心教练的氛围。当然，这样的过程自古有之，我们曾称之为"交朋友"。但很多人发现，现在即使是最亲密的朋友之间，也没有太多时间直接进行交流。我们过于依赖 Facebook 的更新，用短信或电子邮件来沟通，而忽略了形成或维持更深层次情感关系的机会。

同侪教练能够让人与人之间形成一种相互支持和帮助的联结。其理念是让两个或两个以上地位相对平等的人聚在一起，通过反思过去有意义的事件或高光时刻，在个人和职业发展方面互相帮助。我们的同事凯茜·克拉姆、伊莲·沃瑟曼（Ilene Wasserman）、波莉·帕克（Polly Parker）和蒂姆·霍尔（Tim Hall）认为这种提供帮助的过程是动态的，并提出同侪教练的主要目的是"促进以目标为导向的、有明确边界的共同学习"。[4] 当参与者将每个事件视为活生生的案例进行研究时，这种对工作中具体事件的回顾似乎最有帮助。因此，一个人从工作中选择一个相对重要的事件，将其展示给另一个人或团体，然后他们一起进行头脑风暴，讨论事件的进展以及是否有其他可能的选择。我们认为这样的回顾更具价值，因为过程中的双方是以同伴的身份交谈和互相帮助，而不是像专家或"上级"一样对他们进行指导，后者会让人感觉另一种应该自我被强加过来，从而激活更多的消极情绪吸引因子。

当参与人数达到两人以上时，你们就组成了同侪教练小组。匿名戒酒会就是最能够帮助人们改变行为的同侪教练小组之一。[5] 正是因为这种互为同伴的特色（人们摒弃彼此身份的差异，平等地进行交谈），匿名戒酒会才拥有了可信度，让人们能够抱着希望来面对成瘾习惯等最难改变的行为。这类聚会的成员（他们是这么称呼自己的）相互依赖，以获得见解、鼓励和安慰。当他们了解到这里的每个人都"经历过"时，这样的讨论就变得真诚和可信。

同侪教练可以是正式的，也可以是非正式的，还可以涉及组织内部或外部人员。这种关系的持续时间一般都很长，因为人与人之间已经形成一种深刻而有共鸣的关系，其中包含相互的关心和同理心，共同的愿景和目标，以及积极向上、乐于助人的情绪。

最重要的是，至少从组织的角度来看，同侪教练能够为大量的管理者和员工提供低成本的帮助，并形成一种非常积极的文化氛围。需要特别强调的是，同侪教练是组织能够将教练实践常态化的一种极佳方式，而且可以从管理者向下逐级传递到员工。

那么，同侪教练究竟是如何起作用的呢？因为同侪教练小组往往能够维持很长时间，并在过程中以一种有意义的方式将同伴或家庭成员联系在一起，所以往往能够激发积极的情绪感染，并通过社会模仿效应引导他人做出积极正向的改变。从这个意义上来讲，同侪教练小组可以成为一种新的支持形式，在最理想的情况下甚至可以形成一个大家庭。所有这一切最终都能促进组织氛围的改善。更重要的是，虽然同侪教练可以用来促进组织的文化变革，但有时它也会成为文化本身的一个重要组成部分。它之所以比其他形式的培训更重要，是因为后者会掺杂其他的话题和参与者，导致其教练练习的关注点和注意力被分散掉。而同侪教练则提供了专门的社交环境，让团队成员能够在其中探索如何相互帮助。[6]

同侪教练也可以采取多种多样的形式。在凯斯西储大学的课程中，我们要求人们建立自己的**个人董事会**。这项练习不仅能够帮助人们提高对重要关系和支持来源的觉察，还为他们提供了一份现成的人员名单，他们可以和这些人共同检验自己的进展情况。我们的同事莫妮卡·希金斯（Monica Higgins）和凯茜·克拉姆将类似的结构称作**发展性网络**。[7]他们建议在这种关系网络中寻找一些关键人物，让这些人单独或一起帮助人们持续探索个人和职业的发展。

和专业教练所提供的教练服务一样，在同侪教练中人际关系是重中之重。组织中的所有工作都发生在一个网络中，在这里，每个人都与其他人有联系，每个人的行为都会对他人产生影响。当员工通过同侪教练关系，以一种有益的、支持性的和富有意义的方式在一起工作时，就能够在创新性、适应性和行为表现方面得到支持，甚至过上更健康、更具可持续性的生活。在因相互信任的同侪教练关系而建立的安全网络中，人们相互支持，将想法付诸实践，并解释事件的共同意义。为了更有效果，参与者需要以某种形式进行自我觉察和反思，以及对彼此表达深切的关怀和同理心。（请参阅"在组织中提升你的教练技能"一栏和第 7 章的内容，以了解更多关于如何建立高质量的教练关系和完善教练技能方面的信息。）这些元素将作为情感黏合剂，促进有意的改变和培养学习能力。与任务小组不同，关系和情感纽带**才是**这类小组的目的。我们的朋友兼同事瓦妮莎·杜鲁斯凯特（Vanessa Druskat）和克里斯·凯斯（Chris Keyes）对 MBA 学习小组进行了一项研究，发现在一个学期内能够收获最好成绩（即任务表现）的标准，与一个学期能够收获最多学习成果的标准所带来的学生表现截然不同。[8] 比如，获得最好成绩（任务表现最好）的小组会避免讨论团队成员之间的冲突，如参与度不均或占别人便宜（一些人在别人工作时偷懒，没有完成他们所需承担的任务）。而那些在团队中感到受益匮浅的 MBA 学员，会公开讨论各种冲突并试图解决它们，这反过来又会让这些人能够在更长的时间跨度中有更好的表现。

值得注意的是，同侪教练，尤其是同侪教练小组，有时可能会转向"消极层面"，把关注点放在消极情绪上。毕竟，传统培养管理者的方式就是将他们的注意力集中在发现和解决问题上。虽然在某些方面，这种方法确实有效，但涉及人才发展时，它的效果并不显著。正如本书所示，以问题为中心的方法看起来似乎很有效率，但它忽略了这样一个事实：对问题的思考和唤起对问题的感受将激活消极情绪吸引因子，这反过来会关闭一个人对新想法和可能性的想象力。认识到问题的存在，与花费大量时间对其进行思考和讨论是完全不同的。这样会导致人们消极地看待机会，让自己陷入负面的情绪泥潭中，越陷越深，无法自拔。所以，为了最大限度地减少向消极方向发展的可能性，小组最好定期向一位有经验的教练咨询，或者要求接受团体辅导方面的专门培训。

在组织中提升你的教练技能

提升教练技能的步骤遵循意向改变理论所描述的期望的、持续性的改变阶段：

1. 检视你对未来的个人愿景，确定你对能够以任何形式帮助或教练他人的渴望程度。

2. 当形成包含教练在内的个人愿景之后，你需要评估自己建立有效助人关系的能力。对于大多数人来说，无论你是一名希望成为更好的教练的团队管理者，还是一名同侪教练，参与培训往往有助于扩大你对教练角色的理解和提升自己的技能。在理想状态下，这个过程应该包含定期的评估和反馈，还可能涉及面对面的培训、在线课程（类似 MOOC 这样的非同步课程，或同步的、在线互动的网络研讨会），或这些选项的组合。如果你渴望成为一名专业教练，那么你需要进行大量的培训来培养必要的技能。

3. 找出目前正在以你想要学习的方式进行教练的专业教练，然后跟随有效的教练或同侪教练小组进行学习。这是在行动中观察教练过程的重要方式，你可以在观察后与教练进行讨论，分享个人的思考。

4. 教练过程包含许多要素或阶段。其中包括能够将被教练者引入积极情绪吸引因子（PEA）而非消极情绪吸引因子（NEA）状态的问题和行为。因此，你需要尝试教练流程中那些自己不熟悉的部分。同样地，每次学习后都需要进行反思，并从你信任的人那里得到反馈。

5. 在实践后进行反思和反馈。

6. 重复步骤 4 和步骤 5，直到你感到一定程度的舒适感和掌控感。

我们的朋友兼同事弗兰克·巴雷特（Frank Barrett）告诉我们，一旦积极的同侪教练成为一个组织内的常态，它将"改变社会结构"。[9] 弗兰克指出，**要想拥有并保持朋友关系，我们需要"不定期的、频繁的互动以及安全感"**。他提醒我们，亚里士多德曾说过，朋友是社会的关键。[10] 在建立新的社会结构时亦是如此。这会改变在组织和这些关系中的意义。

新型社会认同群体

同侪教练小组的众多好处之一，就是他们一般会形成所谓的**社会认同群体**。[11] 以我们研究的一个领导力课程为例，该课程有大约 20 名医生、护士、工程师、教授和院长参加（其中许多人曾在各自的领域中担任管理职位）。在课程完成第一、二、三年后进行的四项纵向研究中，参与者们报告在行为和工作发生重大变化的同时，他们在彼此之间找到了一个新的参照群体。这些参与者告诉我们，在日常生活中，即便大多数最亲近的人都希望他们继续自己正在做的事情，并且经常把讨论重大的改变视作一种威胁，他们仍然可以和参加课程的朋友们一起探讨梦想和未来。

要想拥有并保持朋友关系，我们需要"不定期的、频繁的互动以及安全感"。

这个小组是从一个高度创新的课程中演化过来的，即魏德海管理学院的职业伙伴课程，目的是为拥有最高学位的高级专业人士提供继续深造的机会。在一年的时间里，课程采用参与式教学法，小组成员每周会有一天晚上举行研讨会，并在每月的某个星期六进行个人方面的提升。参与者撰写新的个人愿景宣言，并花时间学习如何"教练"彼此，将他们的个人愿景落地，形成未来几年的学习计划。[12]

许多高管课程和研究生学位课程中都有这种自发形成的社会认同群体。需要注意的是，这种关系并不像新兵训练营里的那样，源自共同经历过的艰难困苦。而是像我们在前几章讨论的高效教练关系一样，积极情绪吸引因子相关的活动帮助他们聚在一起，建立对彼此梦想的深刻理解。他们关心对方和彼此的发展。他们拥有共同的愿景、同理心和能量水平。而积极的情绪感染和共同的目标，让这种共鸣关系具备持久性。

同侪教练的传统

当然，这样的同侪教练小组对组织来说并非新鲜事物。在 20 世纪六七十年代，同侪教练小组通常被称作**互助小组**或 **T 小组**（代表敏感性训练小组）。20 世纪 80 年代，质量管理小组以及其他形式的由员工自发组成的小组成为一种流行趋势。到了 20 世纪 90 年代，这种趋势演化成了能够进行自我管理和设计的工作团队。21 世纪初，人们开始尝试在组织中建立学习型团队或学习小组。

所有这些形式都有几个共同点。首先，它们是非正式的、由伙伴们自愿组成的小组。其次，它们的目的是让成员们在生活、工作和学习上互帮互助（这是主要目的，尽管吃饭也是每次聚会活动的一部分）。最后，成员制订自己的日程表，并自己管理整个过程（也就是说没有督促者）。

当一群人融洽地凝聚在一起时，它就会形成一个新的社会认同群体，成员会对下一次的聚会充满期待。随着人们成为朋友和工作中亲密的同事，这样的关系就会从聚会延伸到其他场合。当小组成员都为同一个组织工作时，其他人会观察到这些人表现出的新型互动方式。如果这种情绪感染蔓延开来，这种新的做法就会成为组织中的常态。

两种力量结合在一起，为共同推动同侪教练的不断发展提供了能量：**让教练拥有更广泛的受众**，而非只针对高管；**让这个过程具有持续性**。也就是说，在课程、培训项目或活动结束的 3～6 周后，在小组中建立的关系和感情并没有像往常一样消散，而是持续了下去！这种教练小组的可及性，能让组织中数万人在教练和成长的过程中受益。同时也不需要公司或政府机构花钱聘用数百名教练或顾问。

我们可以把推广同侪教练视作组织发展活动的终极模式。它把重点放在"作为教练的管理者"上，并将其传递给每一位管理者、专业人士、行政人员或生产工人。这样就有可能使教练成为促进大众成长发展的一部分，尤其是让那些通常无法接触到付费教练的人有机会因教练而受益。通过这种方法，任何员工都可以成为同侪教练，并将教练方式推广到整个组织中。对于个人来说，同侪教练小组则可以变成他们的个人董事会。因此，同侪教练可能是所有方法中最有希望在组织中建立可持续型学习发展文化的方法。

事实的确如此，一项研究表明，在 MBA 课程期间与同学参与过这样配对的人，甚至多年以后仍然会在工作中继续组建并运用这种配对模式。这项由帕克、克拉姆、霍尔和沃瑟曼进行的研究，为在组织内推行同侪教练（无论是两人一组还是由多人组成小组）的模式提供了循证基础。首先，双方在建立积极关系的基础上形成"抱持性环境"；其次，它致力于通过解决参与者在工作中遇到的问题来获得成功；最后，当同侪教练配对（或是几个配对的组合）完全成形时，就会形成一个小群体，渗透到组织文化当中，而这样的组织文化反过来又会将同侪教练的技巧和精神内化。研究人员发现，共同的目标是促进所有同侪教练发展阶段的媒介。[13]

同侪教练的可持续性体现在许多方面。例如，一群来自旧金山湾区永道会计公司（Coopers & Lybrand）的女性合伙人们，决定每月聚在一起聊聊生活和事业。一开始她们只有 8 名成员，后来扩大到 12 名。这个非正式的团体持续了很多年，其中有人离开了，也有新的成员加入。她们会寻找同伴（当时公司里的其他女性合伙人很少）来帮助彼此。聚会的话题从具体的项目建议到职业咨询，从私人帮扶到分享对工作环境中关心的事情的想法，一应俱全。这是一个很好的同侪互相帮助的案例，《商业周刊》（*BusinessWeek*）的一篇封面故事对此做了专题报道。[14]

更重要的是，任何一个成功度过研究生阶段的人，无论是拥有医学或法学学位的学生，还是 MBA 或博士，都知道组建学习小组并合作学习是一种生存技巧。我们已经看到，EMBA 课程通过学习小组来促进学习的同时，也让高管们都喜欢上了这样的活动。然而，除了像凯斯西储大学这样把团队协作作为学习目标的学校之外，其他传统的 MBA 学员经常表示他们讨厌在团队中工作。我们认为，这种普遍的态度是因为传统的 MBA 学员会把临时团队中的工作视为一项需要完成的任务，然后再去行动（更偏向分析网络、关注点聚焦和消极情绪吸引因子）。而 EMBA 的学员通常在整个课程和项目的过程中都会处在同一个学习小组内。小组成员在学会互相帮助的同时，还会将维系他们之间的关系视为学习小组的目的之一，并从中获益良多。因此，有那么多人都表示喜欢在团队中工作也就不足为奇了。

即使从未学习过这类大学课程，你也可能在《律政俏佳人》（*Legally Blonde*）等电影，或《纸上追凶》（*The Paper Chase*）和《逍遥法外》（*How to Get Away with Murder*）等电视剧中见过类似的情景。我们的一位积极组织发展硕士项目的校友洛里·内斯万德（Lori Neiswander）报告说，他和两个同学就组成了这样一个团队，并将其命名为"酒和视频"（"Vino and Videos"）。每周五晚上，他们会带瓶葡萄酒聚在一起，一边喝酒一边观看与课程相关的视频，并讨论练习和阅读资料。

提高情绪与社会智力的课程经常会用到同侪教练，因为在课程中聘请专业教练的费用对于这些项目来说实在是让人望而却步。在凯斯西储大学为 MBA 学生开设的情绪与社会智力发展课程中，本书的作者之一埃伦，一直在使用同侪教练和一对一的个人教练来加强 MBA 学员的学习成果，而在工程学院，同侪教练实际上已经成了本科生课程的一个重要组成部分。埃伦为学生们提供同理心教练的简要培训，并把重点放在共情倾听上。她将学生分成同侪教练三人小组，让他们在练习成为一名教练的同时，体验从支持性和发展性的关系中受益的感觉。一位有经验的教练导师将参与每一组的练习，并根据需要提供指导。

一些同侪教练小组在几十年后依然存在，并且还在不断发展。1974 年，理查德在克利夫兰地区结识了一个由牙科专业人士组成的学习小组，并在职业发展方面为他们提供了帮助。20 年后，当理查德从波士顿搬到克利夫兰时，这群人再次找到了他。原来，他们之间的聚会一直持续着，直到 45 年之后，这个小组依然存在。现在，这个学习小组已经演变为包含伴侣共同参加的社交活动以及与职业发展相关的聚会了。

同侪教练的新尝试

我们认为，在 5～12 人的小组中通过尝试激活或引发积极情绪吸引因子的实践，能让同侪教练产生最大的效果。正如前文所述，使用更多倾向于积极情绪吸引因子的活动和小组规则，能够帮助成员变得更加开放，并感受到群体所能提供的情绪上的鼓励。请注意，这需要小组成员在关于如何强调积极情绪吸引因子方面接受一定的培训。

当组建自己的同侪教练小组时，我们建议你从小事着手。柯惠医疗（Covidien）伊比利亚大区的人力资源总监卡洛斯·德巴尔诺拉·托雷斯（Carlos de Barnola Torres）说，他的公司刚开始推广同侪教练时，只是要求人们找另一个人聊聊天。卡洛斯强调要通过提问和提供帮助来提升能力，而不仅是依靠专业的内部教练来解决问题。一段时间过后，他让这些两人小组去和另一个小组配对，组成四人小组并继续这种对话模式。很快，教练就能从对话中抽身而出，因为四人小组仍然能够继续会面并互相帮助。由此，一种新的文化氛围就在公司里形成了。

利用内部和外部教练

想要聘请教练的组织首先必须决定是雇用内部还是外部教练，也有组织会选择两者兼顾。[15] 如果选择内部教练，首先需要从培养更有效教练的内部培训课程开始。许多企业会在一开始联系某些教练认证机构，这种机构分为两类。其中一类最普遍的提供教练认证的机构是大学和培训公司，它们能够"证明"一个人已经学习了该机构特定的教练方式、方法或技巧。但是，这些机构很少会做出超出这一范围的承诺。而且，只有客户才能决定这种认证是否真的提升了他们自己作为教练的实践经验或能力。在所有这些课程中，仅有少数会公布一些研究结果以显示其课程效果，然而大多数课程并不会这样做。他们所提供的证据也只是基于合作公司或政府机构的使用情况和推荐（即他们的客户名单）。

另一类机构则由能够"证明"教练可靠性的协会或公司组成。这种认证的基础来自其构建的能力模型。目前，这类机构中规模最大的是国际教练联合会（International Coach Federation，ICF）、世界企业教练协会（Worldwide Association of Business Coaches，WABC）和资格认证与教育中心（Center for Credentialing and Education，CCE）。但令人尴尬的是，目前还没有公开发表的研究可以证明某类教练的哪些能力或特点能够让他们比其他教练更有效。也就是说，这些协会和公司在提供认证时，无法提供任何实质的证据证明他们的模型确实有效。虽然他们也会做研究，但通常采取的是态度或意见调查的方式，在咨询界被称为德尔菲法（Delphi techniques），即现任教练声称他们认为行之有效的方法。遗憾的是，这种方式已经在其他领域被反复表明是在创造一种平庸化的标准，甚至还会将某些群体排除在外。[16]

这种情况让组织陷入了两难的境地。如果他们采纳现有的认证标准，就无法确保他们能够得到什么。但是，组织又的确需要一些方法来衡量某个教练能否胜任。所以，最好的方法就是通过各种途径，在个人推荐、正规教育和各种认证中寻找趋同的证据。使用这种方法能够在最大限度提高聘请教练的质量的同时，还可以帮助想要接受教练的人了解到，他们将会得到最好的发展，而不是简单地被转介到"教练客户服务中心"或某个能力较弱的教练团队。

当遇到需要时间去厘清的特殊情况时，内部教练也能够提供帮助。例如，当全美排名第二的克利夫兰医学中心（Cleveland Clinic）想要把更多的顶尖医生培养成管理者时，他们就主要求助于内部的教练骨干。作为全美最大的医院之一，他们已经研发出一套能够改变整个医院文化的行之有效的患者体验项目，与此同时，他们还迅速在许多其他城市和一些国家收购了当地医院。虽然克利夫兰医学中心的这些举措都不是独一无二的，但这种组合创造了一个即使是专业教练也很少能遇到的情况，即采用积极进取的教练计划，帮助许多医生、护士和员工成了高效的领导者。最终，这个不断壮大的领导者队伍也使得医院能够在众多领域的规划得以实现和发展。

将管理者培养成教练

克里斯·贝尔（Chris Baer）是万豪国际集团学习与发展中心领导力发展和人才体验部（Leadership Development and Talent Experience at Marriott International Learning and Development）的副总监，他在培养企业教练文化时另辟蹊径——把管理者培养成教练。具体来说，他为了能够"使管理者具备教练思维，以领导高绩效、适应性强的团队"而引入了一套课程体系。[17]克里斯的目的是转变管理者的思维，让他们"能立即做出发展性反馈，促进合作……并且及时提供职业发展建议"等。该课程包括培养管理者们的教练技能，并通过建立同侪教练支持小组来鼓励这种新的教练思维。克里斯和他的同事们相信，在未来不断变化的、充满竞争的新兴商业环境中，这种做法将是他们取得卓越成果的关键。

这并非一种全新的尝试。在20世纪70年代初，孟山都公司（Monsanto）的高管们所做的，就是我们现在称为"学习与发展"的事情，即邀请作为教练先驱者的沃尔特·马勒（Walt Mahler）为一些选定的高管提供教练技能的培训课程。[18] 在这个过程中，沃尔特运用他的"教练实践调查"（Coaching Practices Survey）以360度全方位的形式，从这些高管们试图培养的人那里收集信息。

在那之后的几十年里，许多组织的学习与发展部门都越来越多地尝试在管理者的角色中强调教练的部分，其主要原因是管理者们自己也愈发关注发展这一话题，并将其作为继续在公司任职的理由。换句话说，研究表明，管理者们希望通过培养员工来获得成长和晋升，而且他们已经意识到，教练是实现这一目标的有效方法。

哥伦比亚大学教练认证课程（Columbia University's Coaching Certification Program）的教务主任特里·马尔特比亚（Terry Maltbia）非常笃定地认为，如果任何组织的所有管理者都能成为更好的教练，那么对组织未来的长远发展将是最好的。哥伦比亚大学的教练课程采用了他的模型，即从条件、承诺、能力和清晰度的方面来理解绩效教练，并以此为基础教授管理者一些技能和视角，让他们能够把教练作为日常工作职责的一部分。[19]

当然，要想让管理者们在日常工作中运用教练，意味着首先他们需要通过培训理解教练的重要性，以及教练所需的视角和技能。从前文中我们得知，促进他人发展所需要的能力，与一般的管理能力并不相同。一项研究表明，培养管理者的教练能力可以提高整个团队的销售业绩。[20] 如果缺乏这样的培训，管理者很可能会过于依赖他们对他人的个人看法，例如"认为人是不可能改变的"这样基本的偏见，这可能会影响到他们能否给别人留下关怀他人和关心他人成长的印象。[21]

甚至在医院和医疗保健行业，教练也能提供帮助。帕特里克·朗内尔斯博士（Dr. Patrick Runnels）是一名精神科医生，并为处在实习期的精神科住院医生和在社区心理健康咨询室工作的医生们设立了一个奖学金项目。有一次，他参加了一个与教练相关的成长课程，并在其中体验和实践了同理心教练。他说："在那之前，我并没有意识到在对他人进行监督并给予反馈时，我可以运用同理心教练影响更多的人。"于是，他尝试着让那些即将带领医疗团队的医学博士们具备成长性思维，并试图将他们的工作重心放在激励他人而不是管理任务上。在为医生们设立的项目中，他要求每个人都要有自己的个人愿景，并与同伴相互教练，然后进行讨论，最终将教练作为他们监督（或管理）医院中其他人的常规方法之一。他甚至会在培训中开展实验研究。最后一批参与项目的医生有 11 名，他让一半的参与者学习同理心教练的方法，另一半则没有。随后将他们配对，让他们尝试运用教练来激励彼此。在实验结束后的全体讨论环节，整个房间都充满着兴奋的气息。参与者们表示，同理心教练很有意义，**而且**比其他经典的激励方式要有趣得多。用他的话来说，这些人的反应是"令人惊叹的"。他还说到，即使作为精神科医生，"他们中有 2/3 的人从未想过通过积极情绪吸引因子来激励他人"。而现在，这群医生中的许多人已经将这些方法付诸实践。

从更大的战略图景来看，如果大量的管理者能够将教练视为他们日常角色的一部分并且付诸实践，那么教练将成为一种新风尚，而非一种偶尔尝试的做法。它能够改变一个组织的文化，使之更具发展性和同理心（即关怀）。这也更符合新兴劳动力中最大的员工群体——千禧一代的特点。国际调查结果显示，千禧一代不仅在人口统计学上很可能超过婴儿潮时期出生的人口数量，而且他们更具目标导向性，在工作中追求自我成长。[22]

如果管理者、高管、领导者和家长都将教练视为其行事风格的一部分，即符合其身份的个人行为方式，将有助于组织和家庭文化的转变。但是，如果将教练视为自己的责任，就会形成这样一种期望：每个管理者、家长、教师、医生或护士都应该教练和帮助他人。这可能会适得其反，因为这会把另一种应该自我强加给助人者。不过，根据我们的经验，这样做利大于弊，而且人们也喜欢并接纳教练的角色。如果这种期待能够让助人者的日常行为发生改变，那么他们就会向周围的人证明：教练和助人成长就是其工作或身份角色的基本组成部分，也是适当的行为。当你改变了人们眼中的游戏规则，即一个人应该怎么做和他们应该重视什么时，你就改变了文化！

————

正如妮露法·戈德斯所言，自从她来到思科，这家公司在组织内提供教练的方式已经发生了改变，"在如今颠覆是一种生活常态的世界里，积极心理学是教练的助推剂。但是，我们需要让教练能够更加普及化，并扩大其运用范围。这就需要科技的助力"。妮露法建议，通过与一家科技公司内自愿参与的技术导向型员工合作，找到能够进行远程高清晰度会面的方式（例如通过思科网真或网迅远程会议系统），这将能够让教练跨越地理上的障碍，触达世界的每一个角落。

身为作者，我们的期望和愿景是，随着人们开始学会更多地运用积极情绪吸引因子来教练彼此，他们很快就会开始在工作单位、家庭、朋友和熟人中进行尝试，从而让组织和其内部人员每天都从中受益。在情绪感染的影响下，越来越多的同侪教练小组将开始聚会。很快，组织中会有相当一部分数量的人参与到同侪教练中（这个"相当一部分数量"估计是至少 1/3 的人）。最终，同理心教练将成为跨组织的一种文化实践和范式，人们开始在全球范围内分享自己是如何组建同侪教练小组的故事。一场真正的教练革命就此展开！

　　然而，现实情况下，并不是所有人都能够自如地与他人谈论自己的梦想，并建立更多的共鸣关系。有时候，个人很难觉察到这样的想法和感受。所以，在第 9 章中，我们将探讨如何能够更好地帮助那些不情愿的参与者。

深化学习

● 学习要点

1. 在家庭和其他非正式的社会团体以及社区中，一种助人成长并乐于学习的文化氛围将有助于我们所有人适应这个不断变化的世界。

2. 在工作组织中创建有效的教练/助人文化，需要仔细地评估需求，集中管理如何获取和分配教练，有时还需要集中对教练进行培训和认证，以确保教练的质量。

3. 在组织内提供教练服务有三种基本方式：①对员工进行鼓励和培训，让他们能够相互之间或在小组内进行同侪教练；②对管理者和高管进行培训，让他们能够教练下属，甚至是同级别的同事；③为员工匹配内部或外部教练（那些接受过专业教练培训的人，通常获得了一些专业机构的认证）。

4. 高质量的教练关系能够提升工作投入度和职业满意度，还能够帮助组织不断向前发展和留住最优秀、最聪明的人才，尤其是特殊的和高风险的群体，如新兴领导者、少数群体和女性。

5. 同侪教练指的是两个或两个以上的人为了个人或职业的发展而聚在一起。它可以是正式或非正式的，也可以在组织的内部或外部进行。发展性目的是支持这一群体继续存在的原因之一。

6. 同侪教练关系，会因为相互的关心、同理心、共鸣、理解和共同的目标而发展。这种关系是持久的、可持续的，并且能促进积极的情绪感染，成为某种组织规范的基础。

7. 要警惕同侪教练关系转向"消极层面"，即过多地关注消极的方面。

8. 侧重于团队学习和人际关系的 MBA 课程，能够让学员们收获超出教学阶段本身的切实益处。对同侪教练的积极关注，能够通过加强每位成员的学习整合而收获最终的回报。

9. 同侪教练小组促进了小组所有成员的亲密参与，从而在组织外形成持久的社会纽带。有证据表明，这样的团体能够形成并巩固一种健康的集体认同身份。

对话指导

1. 在小组内，讨论你在一个组织中曾见到过的教练在领导力提升方面的运用。

2. 向他人描述个人或组织从教练或其他发展性经历中获益的地方。如果可能的话，评估一下教练产生的影响。

3. 与他人一起研究，在你的组织或客户中，如何运用教练为高风险人群提供帮助。随后，进一步研究这种教练方式如何能够帮助家庭或其他非正式社会群体中的高风险人群。

4. 讨论一下，你的组织是否在小组中曾正式或非正式地运用过同侪教练。你可以做些什么来在企业中开展或推广同侪教练？

5. 向他人描述，哪些人是你在工作中和工作之外的主要伙伴。你觉得自己和哪些人建立了社会纽带？

6. 如果你属于某个正式或非正式团体，平时会聚在一起讨论与生活和工作相关的话题，那么，和其他人一起探讨你所参加的团体情况：你们多久见一次面？描述你们会面时的互动和谈话是怎样的。这些互动主要是倾向于积极情绪吸引因子，还是消极情绪吸引因子？这些互动对你或其他人有帮助吗？这个团体能否在换工作或提高工作表现方面帮助到你或其他人呢？

第 9 章

察觉教练时刻
抓住机遇

秋天来了，天气凉爽，空气清新，树叶从绿色逐渐变成了明亮的黄色、橙色和红色。然而，对雷·刘易斯（Ray Lewis）来说，这个秋天不仅仅代表季节的更替，也是他人生的一个转变时期。雷决定开启一段教育和个人发展之旅，为自己职业生涯的下一个阶段做好准备——在家族企业中承担更大的职责。

雷的面前有一条为他规划多年的职业道路。目前他正在家族企业中担任客户经理，这家公司于1989年创立，主要为客户提供计划性的服务和应急响应，包括泄漏清理、环境修复和废物运输。雷的父亲作为这家公司的股东之一，长期以来一直在培养雷，希望他在公司中发挥更重要的作用。

不仅职业生涯已经被规划好了，雷个人未来的某些方面也是如此。例如，当家族决定卖掉雷和兄弟姐妹们度过童年的房子时，他们说服雷把房子买下来，花钱进行必要的修缮翻新，从而把这栋房子留在家族中。

这一切看起来都还不错，只是在内心深处，雷知道自己另有所求，尽管他并不确切地知道那到底是什么。幸运的是，雷参加的EMBA课程中包含个人教练，其目的是帮助他反思并明晰未来的个人愿景。当雷刚开始与教练约谈时，他承认在家族企业中获得晋升非但无法让他提起兴趣，甚至会让他感到心情压抑。然而，教练发现雷似乎仍然愿意继续走上别人（以爱为出发点）为他精心设计的职业道路。当家庭关系与职业工作交织在一起时，应该自我会变得异常强大。虽然雷渴望学习和成长，但他还没有充分意识到当自己发现和追求真正热爱的事情时所能迸发出的力量。

这就是我们所说的"教练时刻"的真正内涵。对于教练、管理者、教师或其他助人者来说，可以从两个方面识别出教练时刻：①观察到对方可能意识到、也可能没有意识到的关键情况或学习机会；②正确地感知到对方处在开放的状态，并准备好围绕这个机会进行反思和学习。

在本章中，我们将提供更多有关教练时刻的案例，以及探讨如何确定一个人是否真正准备好了接受教练；提供一个实用指南，教你如何为反思和打开自我创造一个安全的空间；讨论一些典型的"高难度"教练案例，以及同理心教练是如何起到帮助作用的。

无处不在的教练时刻

雷的情况是在正式的教练关系中被发现的，但只要我们多留心，就可以在周围的很多场景中注意到教练时刻的存在。例如，对于一位被"提拔"的高层领导，升职意味着每个月有三周都要出差，他很担心这会对他与妻子和孩子的关系造成影响；一位朋友，他觉得自己有责任成立一家非营利组织，帮助贫困的高中生得到接受高等教育的机会，但又不愿为了这一使命而放弃自己赚钱的企业工作；一位在新的管理角色中苦苦挣扎的员工，意识到他接受升职的主要原因其实是他的家人对"职业晋升"的期望；一位糖尿病患者拒绝遵守自己的治疗方案，即使他知道这非常不利于他的健康；一位同时被几所顶尖大学录取的高三学生，却无法确定自己想要做什么，正考虑休学一年去欧洲旅行；或者是众多职业女性中的一位，曾经因为抚养孩子而离开职场，几年后不知如何才能快速重启职业生涯。

然而，还有其他的关键时刻。根据我们的朋友兼同事克劳迪奥·费尔南德斯－阿劳斯（Claudio Fernández-Aráoz）的研究结果显示，人们最愿意接受教练和帮助的时刻之一是在他们担任新职位的时候。他发现，工作的头两年是帮助他人提高效率的关键期。[1] 其实，克劳迪奥正在探索的是教练时刻中一种较为普遍的类别，即人生或职业生涯的转型期。该类别中其他教练时刻的例子还包括即将毕业、获得一份新工作、首次购房、结婚、生育或领养孩子、被裁员或解雇、中彩票、获得遗产、被诊断出患有终身疾病或绝症。除此之外，还存在其他一些转型时期，虽然可能看起来不像上面列出的那样至关重要，但它们都是人们重新思考自己的个人梦想和未来愿景的机会。我们在前文中提到过的生活和职业周期也会形成这样的时刻。

如果没能察觉到教练时刻，我们就错过了帮助他人的机会。当然，我们肯定不是故意这样做的。在繁忙的日程安排和日常压力下，我们很容易错过同事或家人生命中的关键时刻；又或者是因为我们既没有和对方相同的经历，也没有任何建议可以提供，所以觉得自己帮不上忙。然而，即使我们意识到这是一个教练时刻，如果我们没有办法有效地进行回应，就很可能无法真正为对方提供帮助。而且，就像生活中的许多事情一样，有时候关键在于介入的时机和提前做好准备。

察觉准备程度

无论教练时刻是与更广泛的、长期的改变努力有关，还是与个人所面临的更狭义的问题或机会有关，人们都需要做好接受教练的准备，否则教练的影响力就会大打折扣。布鲁斯·阿沃利奥（Bruce Avolio）和肖恩·汉纳（Sean Hannah）对领导力发展领域的准备程度进行了研究，我们也可以将其应用于教练的准备程度。他们发现，当公司想要提升某位员工的领导力时，有时他们需要评估并在必要时加强这些人对此的准备程度。[2] 同样地，在试图通过教练时刻来帮助他人之前，教练或其他助人者应当进行评估，并在可能的情况下提高个人对教练的准备程度。[3]

在詹姆斯·普罗查斯卡（James Prochaska）及其同事们提出的变革模型中，强调了准备就绪对个人尝试进行改变的重要性。这个模型在心理治疗和高管教练领域被广泛应用，包括五个阶段，其中前三个阶段（前意向阶段、意向阶段和准备阶段）是对准备程度的描述。

在前意向阶段，人们显然还没有做好改变的准备，对改变的需求或渴望甚至不在他们的感知范围内。而在意向阶段，人们仍然没有完全做好准备，但他们至少在思考，并尝试着为改变做些准备。直到准备阶段，人们才真正准备好进行改变了。在准备程度达到这个阶段之前，人们无法有效地进入行动和维持阶段（即模型的第四和第五阶段，在这两个阶段中，改变才会实际发生并持续下去）。[4]

对教练时刻的回应

有时，我们会把教练时刻看作需要解决的问题并做出回应。因此，我们提供的就是建议或解决方案，而不是教练。虽然在那一刻，这似乎是一种有效的帮助方式，但它不太可能带来个人的学习和成长，而且不具有可持续性。有一句格言很好地表达了建议和教练之间的区别："授人以鱼不如授人以渔"。再举一个例子，青少年经常会从父母那里学到一些宝贵的"人生经验"，但很快就将其抛之脑后，因为他并没有亲身经历过那种情况。

作为指导博士生们（通常为 30 多岁）的教练和教授，我们能够补充的是，当我们屈服于向他人提建议的冲动时，被建议者有时（即便不是经常的话）就会忽视这些建议。但是，当我们能够以激发学生成长和好奇心的方式觉察并利用教练时刻，作为建议者的我们，才真正成了教练。

同理心教练是我们帮助一个人了解现状和机会的好方法，让他能够知晓自己想成为什么样的人以及未来想要实现什么。这样宽广的视角能够帮助人们汲取内在资源，使其在应对各种现状的同时，以有意义的方式持续地学习、改变或成长。

请牢记，教练时刻也可能在细微之处出现，并不一定涉及职业或人生的抉择。（请参阅"察觉微教练时刻"一栏。）

察觉微教练时刻

也许是某位同事和你们部门的某个成员打交道时遇到了困难，他们的关系变得紧张起来，而且他不知道该怎么做来改善这种情况。或者是一位好友来找你倾诉：他在大学时是一名出色的运动员，他的儿子（也是一名明星运动员）现在想要退出高中足球队，把时间和精力放在学校的戏剧俱乐部和当地社区剧团的表演上。在情绪失控并对儿子大发脾气（表现出强烈的失望、沮丧和愤怒情绪）之后，他现在后悔了，想知道如何能与儿子和好如初。

虽然这样的教练时刻可能不像我们之前所提到的那些，需要深入而全面地应用意向改变的过程，但作为一名教练，你仍然可以通过对这一过程的简单运用来提供帮助。例如，在同事关系紧张的案例中，你可以问她：与部门成员的理想关系是什么样的？

然后，你可以让他回忆他们过去是如何互动（从她自己和他人的角度）才导致现在状况的。接下来，你可以让他想一些可能的策略来改善两人之间的紧张关系。他在过去尝试过哪些方法？今后他可能会尝试哪些新的方法？最后，你可同理心教练是我们帮助一个人了解现状和机会的好方法，让他能够知晓自己想成为什么样的人以及未来想要实现什么。

以鼓励他向除你之外的其他朋友或同事求助，他们可能也会支持他努力改善这段紧张的关系。

从本质上讲，这与在意向改变的过程中教练某人时要采取的步骤基本相同，但是我们发现，这个过程也适用于"微周期"，以应对特定的教练时刻。它运用了类似的逻辑，但相较于宏大的个人人生愿景和目标，它更关注于细微之处。然而，在理想情况下，这种较小的周期应该符合并支持个人对理想自我和个人愿景的更广泛的追求。而且，其主要目的仍然是帮助人们处在积极情绪吸引因子（PEA）中，使他们能够开放地接受新的想法和可能性。

富有挑战性的教练案例

正如我们在本书中讨论的那样，同理心教练通常能够让被教练者感到兴奋、精力充沛、做好准备，并且能够进行持续性的改变。大多数人都喜欢这样的教练方式。毕竟，谁不希望有人能够帮助他们吐露心声，然后去追求自己未来的理想呢？然而，有时候即使运用了同理心教练，帮助别人也可能是非常困难的。所以，接下来，我们将探讨五种典型的、具有挑战性的教练场景。虽然这些案例都来源于专业教练，但其中的经验对任何想要帮助他人改变的人（如管理者、教师、家长等）都有帮助。回顾这些案例，能够让你在遇到这些情况或类似的情况时更好地应对。

对现状感到满意

很多年前，在梅尔文刚开始作为教练使用意向改变理论和同理心教练的方法时，他遇到了一个让他非常困惑的案例。在刚开始运用同理心教练的短暂时间里，他将其视为一种"解放式教练"。他惊讶地发现，这给人们带来了极大的自由感，每个人都可以结合自己余生真心想做的事情，自由地制订教练计划并确定他们希望从中得到什么。能以自己的激情、梦想和最深的渴望作为首要出发点，在此前提之下为自己渴望实现的改变付出努力，这种体验对许多人来说都是极具变革性的。即使在那些并不一定产生变革的情况下，对于大部分人来说，他的这种教练方式都会带来一种充满能量的、积极的情感体验——至少在遇到安吉特·辛格（Anjit Singh，化名）之前，他是这样认为的。

53 岁的安吉特已经成功地在一家美国大型化工公司的质量控制、制造运营和 IT 部门担任过重要职务。安吉特和他的妻子英迪拉（Indira）结婚 30 多年了，他们的三个孩子现在都已长大成人，并成功地建立了属于自己的事业和生活。

虽然大多数被梅尔文教练过的人都认为，对那些能够帮助他们打造理想自我和个人愿景的练习进行深度思考是一件有趣且令人兴奋的事情，但安吉特却觉得这些练习不但很困难，而且价值有限。在他眼中，自己有着一份热爱的工作，还有着他更加深爱的妻子、家庭和整个生活。所以，还有什么好去梦想的呢？在他的生活中，真的没有什么是他想要改变的了。

梅尔文之前也曾教练过这样一些人，他们在一开始会裹足不前，无法不受拘束地去畅想理想中的未来。所以，梅尔文一直鼓励安吉特去想象一下，思考自己理想人生的下一个阶段会是什么样子（即使他对现状感到非常满意）。但是，安吉特仍然没有任何感受。他认为，除了当下正在经历的事情之外，预想其他事情没有任何价值。

梅尔文感到很困惑，不知道自己是不是做错了什么。为什么他提不出那些"神奇的问题"，能够让安吉特敞开心扉，想象出比当前的状况更精彩的人生呢？

于是，梅尔文向他的导师理查德寻求帮助，他理所当然地认为，导师肯定有秘籍，能够让安吉特敞开心扉，在生活中做出一些期望的改变。但理查德的回答让他倍感诧异：对一些人来说，实践意向改变理论的过程并不是为了实现理想自我而做出期望的改变；相反，他们只是为了维持或保持住一个已经实现了的理想自我。作为一名教练，这一刻对梅尔文来说极具启发性：他意识到，实践意向改变理论的过程并不总是要做出改变。如果一个人已经实现了理想的生活，除非他理想中的自我形象发生变化，否则这个过程更能够帮助他的是支撑和延续这种理想的生活。

于是，梅尔文在教练安吉特时改变了他的做法，然后进展就顺利了起来。现在，安吉特已经接纳了意向改变的过程，而不是将其视作一种毫无价值的练习。而且，他开始思考如何能够巩固和维持他现在的美好生活了。他能够清晰地描绘出一个愿景，并为此制订计划，以确保自己做好充分的准备，去应对任何可能会影响自己能够维持如今理想生活的潜在因素。

生活在压抑 / 压迫的环境中

1996 年，魏德海管理学院获得了一笔资金，用来向多家俄罗斯公司的高管提供现代管理和领导力方面的先进理念和技术。作为这个为期六周的项目的参与者，茱莉亚（Julia，化名）是一位首席财务官，来自俄罗斯最大的工程制造组织之一。理查德是她在这个项目中的教练。在项目开始后第三天的早上，理查德走进管理大楼时看到了茱莉亚，微笑着问她近况如何。

她带着一脸痛苦的表情说道："感觉糟透了。我心烦意乱，睡也睡不着。"理查德表示，这个消息让他很难过，并追问是什么让她如此心烦意乱。她转身对他说："就是你！"

理查德感到非常吃惊，他原本以为研讨会和后续讨论都进行得很顺利。他问道："我说了什么或做了哪些事，让你如此苦恼？"这时，他们已经走到了大厅，于是理查德建议一起喝杯咖啡，好好聊一聊。

当他们坐下来喝咖啡时，茱莉亚解释道：

> 我已经42岁了。在公司里，我在专业方面成长很快，所以很快就升职了。领导们喜欢我的业绩和管理方式。但从来没有人要求或允许我去梦想。直到几年前，人们都还认为，最高领导层会直接告诉你下一个工作任务是什么。这就是现状。事实上，如果你对理想未来的设想中包含着对现实的批判，后果将会很严重。因此，你会习惯性地认为，梦想更好的可能性是一件应该避免的坏事。

此时，茱莉亚低下了头。过了一会儿，她又补充道："这么多年以来，我都感觉是在浪费天赋。现在，我不知道自己能否做出足够的改变，甚至自己能否打造出一个个人愿景。"

虽然茱莉亚的例子很极端，但有很多难民出于战争、宗教、经济、政治或心理压迫的原因而逃离其所在的国家，这些人在重获自由后很可能就会遇到麻烦。维克多·弗兰克尔（Viktor Frankl）的经典分析报告记录了他和许多大屠杀的逃亡者和幸存者来到新的家园后，由于把精力完全放在自己和家人的生存上，他们在多年间遇到了各种困难。在这个过程中，许多人一而再，再而三地失去希望。[5]

以茱莉亚为例，她终将离开这个项目，再次回到那个发生过巨大变化的环境中，依旧在管理上沿用旧的信念和方式。那么，应对这种教练时刻的方法，就是减少她的焦虑感，让她专注于自己想成为什么样的人。通过帮助她更少地关注自己希望的行为，更多地关注自己的价值观，例如她想成为什么样的人以及她是如何与他人相处的，理查德帮助茱莉亚把注意力放在可控的事情上。茱莉亚拥有属于自己的价值观；深入思考这些价值观，能够让她回归真实自我，那个既接地气又自由的她。

当教练那些受到环境限制的人时，最好的方法是关注他们的核心价值观（那些关于什么是正确的、好的、真实的信念），**因为这是我们存在、生活，以及在适当情况下领导他人的基础**。在此基础上，他们就能经常思考在日常生活中，有哪些可以被看到、被改变和被试验的行为与行动能够对他们的价值观提供支持。这往往比制订一个 10～15 年的个人愿景更为可行。

在有吸引力但相互排斥的理想中挣扎

约瑟夫（Joseph，化名）刚刚得到了他梦寐以求的工作——成为一家中型企业的 CEO。同时，为了个人发展更进一步，他还在攻读博士学位。一直以来，他都在运用愿景并且对人生进行规划，甚至作为兼职教授向 MBA 学生传授如何这样做。约瑟夫会列出自己未来几年的发展阶段，每个阶段的重点都不一样。在目前的阶段里，他想当一个更好的父亲和丈夫，还想为社区做贡献，成为他人眼中更好的人，又希望生活中能少些压力，让自己变得更专注。

当教练那些受到环境限制的人时，最好的方法是关注他们的核心价值观，因为这是我们存在、生活，以及在适当情况下领导他人的基础。

约瑟夫有三个梦想。其一是创立公司，展现其领导力如何有效地发挥作用；其二是让生活更加平衡，能够与家人、朋友和其他人共度美好时光；其三是写作、出书、教学，并成为一名能够激励他人实现梦想的公共演说家。

让他为难的是，这些梦想不可能同时实现。总的来说，经营和发展一家企业所需的时间和精力，与拥有更平衡、更少压力的生活方式是不相容的。于是，他的教练尝试了一种方法，这种方法通常比较适合那些拥有多个梦想、但无法同时实现的人。教练让约瑟夫分清梦想的轻重缓急，也就是把这些梦想按优先级进行排序。"如果你只能实现其中一个，你最想实现哪一个？"约瑟夫知道，他最希望的就是能更多地和家人在一起，但他的生活和工作方式都在推着他不得不奋发努力。于是，教练问道："在另外两个梦想中，追求哪一个能让你同时拥有更多时间陪伴家人？"

就像被一道闪电击中一样，此时约瑟夫清晰地认识到，他需要制订一个明确的计划，在两年内完成公司领导权的交接。在此之前，他已经开始出版作品，并在各个大学做讲座。他试着在出差时带上自己的家人，安排更多假期和休闲时间与他们在一起，并承诺在卸任 CEO 后，会把大量时间放在妻子和孩子身上。两年后，他在获得博士学位的同时，已经把咨询公司的所有权转让了出去，还申请了教职岗位。他成了一所大学的终身教授，因为这所大学重视教学，而不是"要么发表成果，要么出局"的科研竞争，他想避免这种压力影响到自己实现另一个梦想——与家人共度时光。许多年过去了，如今的约瑟夫表示他已经成功了。但是，如果当时没有直面自己的梦想并重新按优先级进行排序，他不可能达到这样的人生状态。

　　加布里埃拉（Gabriela，化名）曾是美国一个中等规模城市的检察官。她对教练这种方式很感兴趣，并同意与一位个人教练会面。但这就是她尝试探索各种可能性的极限了。

　　当教练问她理想中的完美生活时，她看着手表，说："这太自私了。"教练知道，她对自己未来拥有的可能性并不乐观；但教练不知道的是，这种不乐观让她十分犹豫，甚至拒绝对这方面进行讨论。教练问她理想中的工作状态是什么，她却把回答关注在解决目前工作量的问题上。他问她理想中的个人生活是怎样的，她却说自己没有时间去白日做梦。

　　加布里埃拉来自一个工薪阶层家庭，是家里第一个上大学的人，同时也是第一个读研究生并成为专业人士的人。她有着一份极具声望的政府工作，取得的成就也早已超出她年轻时的想象。为了这一切，她牺牲了和朋友们开心玩耍的时间，付出了比周围所有人更多的努力。她以别人看来有点一意孤行的方式全身心地投入工作中。她成功地做到了。然而人到中年的加布里埃拉，开始意识到自己为此付出了怎样的代价：她错过了组建家庭的机会，也失去了像别人一样享受放松的机会。她并不是有意的，但现实就是如此。她一直专注于自己的事业，没有把同样的注意力和精力放在约会和工作之外的其他活动上。至少，让她感到些许安慰的是，她的朋友们没有一个在职业或社交方面像她那样成功。

　　为了让她能思考自己希望从生活中得到什么，并探索未来的可能性，教练尝试了各种各样的方法，但并没有什么效果，她能看到的只有现在。虽然在某种程度上，她可能有种被困住的感觉，但她真的不允许自己仔细思考这件事。自己付出了那么多努力才走到今天，她是绝对不会放弃的！对加布里埃拉来说，这次教练没有带给她新的知识、见解或行为。但说不定未来的某个时刻，在经历过危机或其他类型的转变之后，她会产生某种觉察并对教练做好准备。显然，对于现在的她而言，那个时刻还未到来。

另一种没有准备好或不愿意接受教练的表现是，对方以"玩游戏"的心态与教练对话。我们的一位同事就遇到过这种情况，他试图帮助刚刚假释出狱的前客户富兰克林（Franklin，化名）。虽然一开始他们聊得很愉快，但约谈结束之后，他不确定富兰克林是否会做出任何的改变。富兰克林曾被逮捕和定罪过多次，他的过去无法让人抱有希望。但教练得知，他已经成了一名司机，而且还得到了一份给当地社区中心看门的工作，所以这一次，他至少有一个能够争取成功的机会。

富兰克林面临的挑战是，除了目前的工作之外，他看不到未来。他没有长远的梦想，只有一个短期的计划：远离牢狱之灾，有一份合法的工作。虽然典型的"以远大愿景进行教练"的方法似乎对他没有什么帮助，甚至根本提不起他参与的兴趣，但他至少愿意讨论下一步的计划和打算，以帮助他遵守假释条件并让自己的人生有个新的开始。

此时，教练把他的关注点从未来转移到了现在。教练问："你希望现在、本周或下个月如何行事以及他人以怎样的眼光看待你的行为呢？"这个问题引起了富兰克林的兴趣。就像许多对某些生化物质或行为习惯性成瘾的人一样，这些习惯只是简单地重现就会让他们再次陷入困境，处于这种情况下的人正在与再犯的可能性和自己的过去做斗争。而通过把关注点转移到当下，富兰克林就能够和教练展开对话，一起为自己找到新的社会群体，并以新的身份在生活中做出持续性的改变。除了从事新的工作，他还希望被视为一个值得信赖、可靠、平易近人的人。和教练一起对他所期望的这个身份进行反思，为他的生活赋予了新的意义。

受困于应该自我

回顾开篇雷·刘易斯的故事。事实证明，对于他的教练来说，这个案例很有挑战性。因为被教练者知道他想做的不是他现在正在做的事情，但很难弄明白并清晰地表达出他想要的究竟是什么。而且，他完全无法想象如何才能从已经为他设计好的道路上脱身。

然而，教练可以从雷的身上隐约看到另一个藏在躯壳里、想要破壳而出的他。但是，那层名为应该自我的外壳似乎是无法被打破的。教练尝试了很多方法，想要帮助雷想象自己定义的理想未来是什么样子的，但雷非常清楚父亲对他的期望，导致他无法勾画出自己的愿景。而且，因为他深爱着父亲，不想让父亲失望，这让他感到自己完全被困住了。

在这段关系中，雷的教练不断提出挑战，鼓励他审视并跟随自己的内心。最终，雷决定是时候冒一次险了，因为他再也抑制不住内心的渴望，想要去探索自己选择的生活。于是，雷请了假，花了一段时间环游世界。在旅途过程中，他深度思考自己想成为什么样的人，以及自己真正想在事业和生活中做些什么。正是这段旅途，让雷终于恍然大悟：他知道自己想做的是什么了，也知道自己应该怎么去做。回国后不久，雷参加了一个EMBA校友会的活动。他走到教练面前，自信地和教练握手，说："你好，我是新的雷·刘易斯。"雷终于找回了自我。他知道了理想中的自己是什么样子，同时也找回了追求理想的激情和信心。现在，他打心底里明白自己对未来的追求。带着新的热情和信心，雷很快离开了家族企业，与其他人合伙创办了自己的小公司。当他摆脱了应该自我的束缚，开始追求自己的理想愿景后，雷在个人和职业方面都获得了蓬勃的发展。他的父亲最终理解并尊重他的决定，雷与父亲的关系也还是一如既往地牢固。现在，他的生活中充满着探索的快乐和冒险精神。

————

对于教练、管理者和其他任何想要帮助他人的人来说，察觉教练时刻十分重要，这样我们才能够有效地运用它来应对除了"简单"案例之外的其他具有挑战性的情况。而同理心教练的方法，以及我们在本书中讨论过的各种细微差异，能够让你有能力处理好上述两种情况。在第 10 章中，我们将给大家一些激励性的寄语，让你做好准备，继续前行。我们希望你能够应用在本书中所学到的东西，通过激励性的教练对话来帮助更多的人。

深化学习

● 学习要点

1. 教练时刻指的是被教练者可能意识到或没有意识到的潜在的关键情况或学习机会。而教练能够正确地感知到对方正处在开放的状态，并且准备好围绕这个情况或机会进行反思和学习。

2. 想要利用好教练时刻，通常需要对被教练者进行评估，甚至要提升其准备程度。如果一个人没有做好接受教练的准备，那么教练促进改变的程度可能会非常有限。

● 反思与应用练习

1. 回想一下，最近一次你看到某个人处在教练时刻是什么时候？当时你意识到并利用这一教练时刻了吗？对方是如何回应的呢？对方准备好接受教练了吗？在处理这样的情况时，有没有什么你本可以做得更好的地方，或者你本可以用不同的方式来应对以达到最好的帮助效果？

2. 作为教练、管理者、教师、家长、牧师或其他试图帮助他人的人，你遇到过哪些更具挑战性的情况呢？你如何应用在本书中学到的一些经验来帮助你在未来更有效地处理这些情况？

● 对话指导

1. 你非常期待尝试和进一步提升本书中提出的哪些观点或技巧？

2. 你是否只能在生活和工作的某一方面找到教练时刻，而在其他方面无能为力？在生活的其他方面，你如何才能同样敏锐地察觉到教练时刻呢？

第 10 章

同理心的呼唤
来自梦想的邀请

我们大多数人都愿意关心他人并尽力提供帮助。这种关心可能源自想要激励与我们一同工作的人学习和成长，也可能是想要保护我们的孩子或其他人，又或是希望能够帮助他人提升绩效或完全发挥出自身潜力。这种关心反映的可能是一种更深层次的爱。所有这些愿望都是十分高尚的，但也很容易导致我们做出与预期截然相反的事情，即我们很快就会深陷于试图去矫正他人的问题或为其规定具体的改变方式。虽然这样做看起来更高效，但在本书中，我们希望你能够意识到，这种试图矫正他人问题的做法就是服从式教练（无论本意有多么好），同时也是消极情绪和压力的催化剂。

作为领导者、家长、教师、医生、护士以及各种类型的教练，我们都是名为《生活》这幕大剧的见证者。在这里，我们看到周围的人受到不公正和糟糕的对待。我们对那些自认为有权享有"免费资源"并滥用他人善意的人感到愤怒。但最重要的是，我们还看到那些身居要职的人似乎更愿意彰显自己，而不是帮助或引领他人。

在这个充斥着自恋、自以为是、以自我为中心的世界里（毕竟，在这个时代，自拍成了一种流行的摄影和社交媒体形式），我们能做的就是通过帮助他人和建立更好的人际关系来减少防御性行为。对于以自我为中心的自恋，最好的解药就是关心他人。作为读者，**你真正能够帮助他人的方式之一，就是激励和推动他们成为最好的自己。**在这个过程中产生的积极情绪感染也会让你备受鼓舞，并且对周围的人产生积极的影响。要知道，同理心是有感染力的！

你真正能够帮助他人的方式之一，就是激励和推动他们成为最好的自己。

在前面的章节中，我们曾让你仔细思考：在你的人生道路上，谁对你的帮助最大，从而使你成为现在的自己或拥有现在的生活状态。我们探讨了许多人的回答，发现因感恩之情而产生的同理心能够激活积极情绪吸引因子以及随之而来的所有美好事物。所以，现在让我们再来问你一个问题：你会出现在谁的名单上呢？……这可能是我们能够在生命中留下的不朽遗产，即我们让他人的人生有所改变。

同理心是自我中心的解药

通过人们因新的未来的可能性而变得充满活力的真实故事，我们希望你能重新认识到，如何与他人建立积极而深度的联结，以及为什么这种联结既有利于你个人的可持续发展，也有助于那些在生活中各个领域与你互动的人。根据研究我们认为，同理心教练是一种为他人提供关心和帮助的强大而可行的方式。当然，并非每一次的对话都可以成为教练时刻，而我们所建议的方式也不是唯一可行的教练方法，有时也需要进行少量的服从式教练。但很多时候，我们却让消极情绪吸引因子成了体验的主导，从而削弱了持久性，限制了任何学习或改变的持续性。本书中所有的故事都在告诉我们，所有人都能够有意识地练习和实践同理心教练。以下是一些精彩片段的回顾。

格雷格·拉金、埃米莉·辛克莱和埃米·绍博的故事（分别见第 1、2、6 章）告诉我们，与服从式教练相比，同理心教练会给人们的生活带来多么巨大的影响。也就是说，优秀的助人者和教练能够激励、鼓励和支持他人追求梦想，并帮助他们充分发挥全部的潜力。在上面提到的每一个案例中，同理心教练都是从帮助他们探索、清晰地表达理想自我和对未来的个人愿景开始的，随后再梳理出他们的理想自我和应该自我之间的区别。正如我们在玛丽·图克的案例（见第 5 章）中看到的，个人愿景是对她的理想自我和理想未来的整体而全面的表达，包括梦想、使命感、激情、目标和核心价值观。愿景为人们的生活和工作赋予了意义，它帮助案例中的每一个人在成果丰硕但又常常令人沮丧的人生道路上继续前行，追求他们的理想自我。

正如我们在尼尔·汤普森、达里尔·格雷沙姆和肖恩·汉尼根的故事（分别见第 2、4、7 章）中看到的那样，关键的共鸣关系帮助他们跨越障碍并继续向前迈进。正因为情绪是有感染力的，所以，与助人者或教练的关系质量，对于反复处于积极情绪吸引因子状态来说至关重要。除了与助人者或教练的关系之外，如果一个人建立了一套可信任的、相互支持的人际关系网络，那么他就更有可能持续地学习和努力改变。洛里·内斯万德的例子（见第 8 章）展示了如何帮助他人组建同侪教练小组，这感觉就像是两个或更多的人为了个人或职业的发展而聚在了一起。这种关系的质量是坚韧持久的，能够让改变的努力持续下去，同时促进积极的情绪感染，最终形成组织或家庭规范的基础。

正如我们在亚伦·巴内的故事（见第 4 章）中看到的，向他人提出一个能引起共鸣的、开放的、正向的问题，可以引出新的信息。我们从研究结果中得知，这样的问题能够唤醒积极情绪吸引因子，激活大脑中的一个能触发激素产生的特定网络，即**副交感神经系统**（也就是"更新复原系统"）；提出一个或多个消极问题会引起防御性反应，唤醒消极情绪吸引因子，激活大脑中的另一个能触发激素产生的网络，即**交感神经系统**（也就是"压力系统"）。在梅尔文的故事（见第 3 章）中，这样消极的问题激活了应该自我，不但缩小了他能看到的未来的可能性，还让他感到困顿。

在埃伦的健康故事（见第 6 章）中，我们看到进入积极情绪吸引因子既是一种对新思想持开放态度的状态，也是在实现所期望的持续性改变的道路上的一个转折点。从他人研究和我们的神经成像研究结果得知，若要维持一个改变或学习的过程，一个人定期循环处于积极情绪吸引因子状态的频率需要是消极情绪吸引因子的 2～5 倍。我们在鲍勃·谢弗的故事（见第 5 章）中进一步看到，就更新复原活动的时长和频率而言，强度小的更新复原活动比更长时间的、低频率的活动效果更好。研究还表明，变换使用不同的更新复原活动比重复使用一两个相同的活动效果更好。

在梅尔文的故事中我们看到，从他的个人愿景出发，把关注点放在优势而非劣势上，这种做法帮助他打开了新的可能性，他也因此体验到了一种强烈的自由感和使命感。改变的过程往往是分阶段展开的，就像肖恩·汉尼根的经历一样，他通过成为更好的倾听者进而成为更优秀的领导者。其他处于积极情绪吸引因子状态的方式，还包括设想一个令人兴奋的未来，并制订一个令人振奋的而非强制性的计划，正如我们在巴萨姆的故事（见第 6 章）中看到的，他转变为一个更耐心、更友善的项目领导者。在对话中反复处于积极情绪吸引因子状态，通常需要共鸣的关系以及随之而来的关心和信任的感觉。我们在凯伦·米莱与儿子交谈的故事（见第 6 章）中看到了这一点。随后，她还将这种经验迁移到工作中，与直接下属开启了不同的对话。我们从埃伦与她十几岁的女儿对话的故事（见第 7 章）中看到，高质量的助人关系需要助人者首先调整好心态，通过深入、积极的倾听来建立正向而有意义的联结。这是同理心教练的基础和必要条件。

埃伦与女儿对话的故事也表明，想要把握住教练时刻，就需要教练或助人者做好准备，注意这种时刻何时发生并采取教练的思维模式。被教练者在此时可能察觉到、也可能并没有完全察觉到这是一个潜在的关键情况或机会，而教练需要正确地感知到对方是开放的并且已经准备好围绕这一情况或机会进行反思和学习。想要充分利用教练时刻，通常需要评估并在一些情况下提高被教练者的准备程度。

在整本书中，我们提到了一些应用教练的组织，同时我们也证明了教练对家庭和其他方面的助人关系都有益处。有三个基本方法可以让积极的帮助行为成为家庭、社区和工作中的一种常态。它们是：①鼓励（或根据需要培训）人们互相教练（在工作中，这意味着结对或在小组中进行同侪教练）；②提供各种接触内部或外部教练、助人者的途径；③让管理者、医生和其他有影响力的助人者与团队和组织内的成员建立发展性关系，并为他们提供教练服务。

学会帮助自己

即使出发点是善意的，但当自己都陷入消极情绪吸引因子时，我们就无法激励和帮助他人学习和成长了。所以，助人者或教练自身的可持续性，对于其能够持续有效地帮助他人敞开心扉、发展和改变来说至关重要。

我们的建议十分简单，关键就是要让自己每天保持更新的活力，但在日常生活和工作的压力下，有时会很难实施。事实上，助人者或教练有责任保持自己的状态并传达积极的情绪感染，这只会发生在自己体验到的积极情绪吸引因子多于消极情绪吸引因子的情况下。换句话说，我们建议，助人者和教练需要确保每天都有更新复原的时刻。这不是一种以自我为中心的行为，而是要寻求一种长期的、持续性的方法，让自己能够达到并保持一种有效的水准。这种方法就是与其他教练组成同侪教练小组。就像想要帮助和支持的那些人们一样，所有类型的教练本身也都需要支持。

学会帮助自己

梦想的邀请

在本书中，我们一直强调的一个主题就是运用个人愿景来唤起积极的情绪。从本质上讲，这就是以目标为出发点，在大脑和情绪之间建立起联结，帮助我们铺设通往理想目标的道路。所以，现在，让我们一起做个梦吧。

想象一下，现在是10~15年后，如果你是……

教练：你有很多很多来自不同文化背景的客户。他们正在转变、学习、成长、提升和表现自我。他们的生活充满意义。最重要的是，他们在情感、身体、精神和人际关系上都很健康。一些客户已经组建了同侪教练小组，而且在他们所处的组织中，同侪教练小组已经成为一种常态。更重要的是，有证据表明，你的客户所处的组织文化正变得比以往任何时候都更具吸引力和发展性。

管理者：你的员工都很兴奋，全身心地投入工作当中。他们有共同的使命感，能够不断创新和适应持续变化的市场情形和客户需求。他们认为你能够深切感知到人们的需求，并致力于他们的发展提升。你投入资源，帮助他们成长和进步，还会提供令人兴奋和让人眼前一亮的项目。你的员工不仅想留在公司，还希望能够在工作上投入更多的时间。他们兴奋地建立了同侪教练小组，在小组中进行现实验证，帮助彼此解决问题，展望更美好的未来。其实，整个公司的文化都已经发生了变化，每个人都在为彼此的发展贡献自己的力量。

医生、护士或助理医师：你激励他人变得更健康。你的责任是让人们能够真正康复和保持健康，你的病人也能够百分之百地坚持治疗计划。病人能够更快地恢复，更持久地保持健康。这一切都是因为他们能够照顾好自己。他们更少地受到疾病的影响，在生活质量提高的同时，医疗支出却降低了。如果你的工作是临终关怀，你的病人会在爱与平静中有尊严地离开这个世界。

家长：你每天的家庭生活就是电影中那些理想家庭的样子，充满着爱与关怀。处在青春期的孩子想要和你交流。家人一起吃饭时会充满着欢声笑语。当家人需要寻求建议时，他们会来找你倾诉。孩子长大以后，他们会定期带你出去吃饭，而你也会和孩子及他们的家人一起去度假。

治疗师、咨询师、教牧顾问或社会工作者：你的来访者关注的是自身的幸福，而不是他们的问题。他们想要恢复健康，并且有动力去执行他们的咨询或治疗计划。他们不再把大量时间花在关注以自我为中心的问题上，而是用更多的时间帮助社区中那些不幸的人。他们关心他人，拓展自我。他们与家人一起参加充满爱和乐趣的活动，还会努力改善他们工作的组织。

听起来这些是不是我们梦寐以求的情境？对于本书的读者来说，有一个方法可以让这样的愿景更有可能成为现实。这是一个类似"把爱传递下去"的实验，我们都可以尝试：在下个月，每天和不同的人进行一次 15~20 分钟的对话，帮助他们探索最好的自己、他们的价值观、梦想中的生活、理想中的工作或个人愿景，并帮助对方与它们重新建立联结。

这可能有些让你望而生畏，但无论你是家长、管理者、教练、医生、教师、牧师，还是其他助人者，你都很可能在接下来的一个月里，与超过 30 个不同的人进行互动。我们希望你能在每天 960 分钟的清醒时间里只需进行一次 15～20 分钟的对话，专注于帮助他人感受积极的情绪体验，并帮助对方探索个人愿景或重新与之建立联结。这可以是在喝咖啡或吃午餐的时候，也可以是在公司或学校拼车通勤的时候。你还可以在工作中与大家讨论这个想法，将其作为员工会议的开场或结尾。然后，想象一下，这些人中的每一个都感受到了极大的鼓舞，所以他们将这样的对话传递给其他认识的人，然后再次传递下去。通过情绪感染和社会模仿产生的复合效应，最终可能会带来巨大的影响。由此，很多人都会因为同理心教练和对个人未来愿景的思考，拥有一次潜在的、能够改变人生的积极情感体验。而所有这一切，都是从一次微不足道的 15～20 分钟的教练对话开始的！

————

我们希望本书中的故事和理念能激励你去尝试一些事情，在自己和周围人的生活中点燃能够激发积极改变的那些火花。我们真诚地期望，你能够通过关心他人并激励他们改善自己的生活，从而感受到希望、同理心、正念和乐趣。这就是同理心教练的承诺。

致　谢

　　我们非常感谢凯斯西储大学组织行为学系同人们的支持和鼓励，尤其要感谢系主任 Diana Bilimoria 教授，以及同为教授的 Diane Bergeron, Susan Case, Corinne Coen, Harlow Cohen, David Cooperrider, Ron Fry, Chris Laszlo, Tracey Messer, John Paul Stephens。同时，我们的研究工作得以持续开展，离不开系主管 Lila Robinson 和积极组织发展与变革理学硕士（MPOD）项目副主任 Patricia Petty 持续且积极的支持。多年来，许多组织行为学系的博士生都加入了我们的"教练学习小组"（最终演变为"意向改变学习小组"），他们是 Emily Amdurer, Estelle Archibold, Alim Beveridge, Kevin Cavanagh, Gareth Craze, Udayan Dhar, Darren Good, Anita Howard, Jennifer Nash, Angela Passarelli, Brigette Rapisarda, Kylie Rochford, Tiffany Schroeder Kriz, Scott Taylor, Njoke Thomas, Mandy Varley, Doc Warr。Annie McKee 是一名博士生，也是我们学习小组的早期成员。她不断给予我们创作灵感，并经常与理查德合著，她还是宾夕法尼亚大学教育学院 PennCLO 高管博士项目教练小组的负责人。此外，还有其他博士生在个人愿景、情商和人际关系质量方面的研究给我们提供了很大的帮助。他们是 Manoj Babu, Jodi Berg, Amanda Blake, Kathleen Buse, Masud Khawaja, Loren Dyck, Linda Pittenger, Joanne Quinn, John Schaffner。

　　魏德海管理学院教练研究实验室的同人们和推动该实验室及其研究不断向前发展的博士生，都为我们提供了新理念、研究和更好教练方法的启发。他们是 Tony Jack 教授、Angela Passarelli 教授、Scott Taylor 和 Kylie Rochford 教授，以及我们的博士生 Gareth Craze, Kevin Cavanagh, Udayan Dhar, Jessi Hinz, Mercedes McBride-Walker, Mai Trinh, Mandy Varley, Maria Volkova。我们要感谢教练研究实验室的组织成员，他们和我们一起合作推动了教练领域的各项研究和实践。我们也特别感谢五三银行（Fifth Third Bank）和伊利保险公司（Erie Insurance），作为 CRL 的初创成员，它们提供了最初的支持，并成为整个项目的重要启动平台。我们还要感谢曾经和现在的组织成员们，包括科朗设备（Crown Equipment）、迪乐泰轮胎（Dealer Tire）、福特（Ford）、路博润（Lubrizol）、摩恩（Moen，全球厨卫集团）、斯马克公司（J. M. Smucker）、（美国）桑迪亚国家实验室（Sandia National Laboratories）和史帝瑞（Steris）。

　　我们要感谢在魏德海管理学院致力于高管教育的同人们，在将教练引入商业职场领域的过程中，他们是我们的长期盟友：Chuck Black, Jennifer Carr, Kim Goldsberry, Mindy Kannard, Aparna Malhotra, Charlene McGrue, Ericka McPherson, Lori Neiswander, Sharon Norris, Jennifer O'Connor-Neskey, Lyndy Rutkowski, Laniece Washington, Laura Weber Smith, Michelle Wilson，以及我们的新任执行董事 Chris Kush 和前副院长 Denise Douglas。最后还要强调的是，如果没有魏德海高管教育教练团队中那些才华横溢、尽职尽责的教练，我们是无法完成这项教练项目的。所以，我们非常感谢他们一直以来的合作和努力。

本书中的大部分事例，都来自我们在凯斯西储大学魏德海管理学院数十年教导本科生、研究生和教授高管教育项目的经历。虽然在这里无法一一列举，但我们希望对过去和现在的学生们表达诚挚的感谢，感谢你们对终身学习的开放态度。通过我们在课堂内外的对话，你们帮助我们完善了相关理论、模型、调查和预见，促使我们作为教育者、演讲者和同业者不断地学习、成长和改变。

在钻研教练方法和开展令人兴奋的研究方面，世界各地的同人和朋友给予了我们极大的支持。他们包括：从 2000 年起，来自巴塞罗那艾赛德商学院（ESADE）团队的 Joan Manuel Batista 教授、Marc Correa 教授、Rob Emmerling 教授、Laura Guillen 教授、Ricard Serlavos 教授和前博士生 Basak Conboy, Amy Leverton, Leticia Mosteo, Roy Mouwad, Alaide Sipadas, Ferran Valesco；还有威尼斯卡福斯卡里大学（Università Ca' Foscari in Venice）的朋友和同人：Fabrizio Gerli 教授、Sara Bonesso 教授、Anna Commacho 教授和 Laura Cortelazzo 教授。

在整本书和注释中引用的出版物列表里，你还会看到其他同人的名字。与他们的合作和持续的对话，为我们的研究和观点的继续推进提供了帮助。帮助我们学习的人包括 Kathy Kram, Nancy Blaize, Terry Maltbia；哈佛医学院附属机构麦克莱恩医院的教练学院创始人 Carol Kauffman, Margaret Moore, Susan David; Dan Goleman，自 1969 年以来，他一直是理查德·博亚特兹的朋友和各种理念及试验的共创者，同时指导理查德为普罗大众写书；还有 Annie McKee 和 Fran Johnston，以及 Cary Cherniss, Poppy Mcleod, Vanessa Druskat, Helen Riess。

我们非常感谢哈佛商业评论出版社（Harvard Business Review

Press）的编辑团队，特别是 Jeff Kehoe，他从第一次读到我们的样稿开始就对出版这本书充满信心。我们也要特别感谢 Lucy McCauley 的鼓励和她对这本书周到而细致的关注。她富有洞察力的逻辑思维和充满魔力的文字功底，帮助我们将思想转化为优美流畅的文本。

理查德·博亚特兹想要感谢他的儿子 Mark Scott 几十年来对心不在焉的父亲的耐心，以及在儿子的帮助下形成了更好、更清晰的写作风格。他还要感谢 Michael Horvitz 家族对他的讲座教授职位的慷慨支持，以及他们为所有的功能磁共振成像（fMRI）以及我们已经进行并将持续进行的许多关于教练的研究提供了急需的支持。

最重要的是，理查德要着重感谢 David A. Kolb 教授 53 年来的指导、引导、友谊和共事关系。Kolb 教授将理查德从航空航天领域带到心理学领域，启发了他，并帮助他找到了自己的道路，促使他从 1967 年开始进行了一系列关于帮助他人的研究，而这些研究的影响一直持续至今。Kolb 教授还带领理查德在哈佛大学攻读心理学博士课程，并将他介绍给其他人，如 David McClelland 教授、Edgar Schein 教授、Dave Berlew、Fritz Steele、Bob Rosenthal 教授、Robert Freed Bales 教授等，这些人后来都成了他的导师和朋友。本书及其背后的研究真正开始于 1967 年春天的第一个关于帮助他人的实证研究，以及随后的一本未能出版的关于帮助他人的书。即便如此，他的这种想法和热情依然存在。

梅尔文·史密斯要感谢他的直系亲属和远房亲戚，尤其是他的母亲 Mary 和已故的父亲 Melvin Sr.，他们为他营造了一个充满欢乐、同理心、支持、鼓励和爱的家，让他总是对追求自己的梦想充满信心；与他结婚已 31 年的妻子 Jennifer 是一位充满爱的伴侣，她使他成为更好的人，和她在一起，让他的生活比自己想象中的还要美好和充实；他们的两个儿子 Ryan 和 Evan，梅尔文不仅为他们所做的一切始终感到骄傲，而且还为他们在继续成长为令人钦佩的年轻人的过程中不断开拓出各自独特的人生道路而感到惊叹。

埃伦·范奥斯滕想要感谢她的家人，他们鼓励她去体验以有爱、有意义的方式帮助别人和接受帮助的价值。她想要致敬她的母亲 Mary Ellen Brooks 和已故的父亲 Thomas Brooks，感谢他们作为她的第一任教练，向她展示了无条件的爱和牺牲的真正含义。她要感谢她的丈夫 Scott，感谢他慷慨的精神，感谢他对她和身边所有人展现的同理心，感谢他能让她笑看人生中不可避免的起起落落。她也要感谢孩子 Maureen 和 Thomas，不仅让她能够脚踏实地，还能用他们的好奇而坚定的思维和开放又充满爱的心给她的人生带来欢乐。她还要感谢她的家人和朋友，感谢他们给予她各种形式的支持。

最后，梅尔文和埃伦想要感谢理查德，他不仅是一位鼓舞人心的合著者和同人，也是一位极其优秀的导师和朋友。他一直是他们的榜样，践行着帮助他人改变人生是多么有意义和快乐！

理查德·博亚特兹

Richard.Boyatzis@case.edu

梅尔文·史密斯

Melvin.Smith@case.edu

埃伦·范奥斯滕

Ellen.VanOosten@case.edu

注　释

第 1 章

1. D. De La Cruz, "What Kids Wish Their Teachers Knew," *New York Times*, August 31, 2016; K. Schwartz, *I Wish My Teacher Knew: How One Question Can Change Everything for Our Kids* (Boston: Da Capo Lifelong Books, 2016).

2. De La Cruz, "What Kids Wish Their Teachers Knew."

第 2 章

1. 关于教练的定义及其发展，更多资料见 M. Smith, E. Van Oosten, and R. E. Boyatzis, "Coaching for Sustained Desired Change," in *Research in Organization Development and Change*, vol. 17, ed. R. W. Woodman, W. A. Pasmore, and A. B. Shani (Bingley, UK: Emerald Group Publishing, 2009), 145–174。关于教练定义的文献还包括：V. V. Vandaveer et al., "A Practice Analysis of Coaching Psychology: Toward a Foundational Competency Model," *Consulting Psychology Journal: Practice and Research* 68 (2016): 118–142; R. R. Kilburg, "The Development of Human Expertise: Toward a Model for the 21st-Century Practice of Coaching, Consulting, and General Applied Psychology," *Consulting Psychology Journal: Practice and Research* 6 (2016): 177–187; R. R. Kilburg, "Toward a Conceptual Understanding and Definition of Executive Coaching," *Consulting Psychology Journal:*

Practice and Research 48, no. 2 (1996): 134–144; D. B. Peterson, "Executive Coaching: A Critical Review and Recommendations for Advancing the Practice," in *APA Handbook of Industrial and Organizational Psychology*, vol. 2, *Selecting and Developing Members of the Organization* (Washington, DC: American Psychological Association, 2010), 527–566。

2. ICF 对教练的定义，2018，检索网址为 https://coachfederation.org/about。

3. 专业教练的成长 / 关于教练的调查：A. M. Liljenstrand and D. M. Nebeker, "Coaching Services: A Look at Coaches, Clients and Practices," *Consulting Psychology Journal* 60, no. 1 (2008): 57–77; *ICF Global Coaching Study: Executive Summary*, International Coaching Federation, 2012（检索网址为 http://www.coachfederation.org/coachingstudy2012）; *2013 ICF Organizational Coaching Study*, 2013（检索网址为 http://coachfederation.org/orgstudy）; Sherpa Coaching, *The Tenth Annual Executive Coaching Survey* (Cincinnati, OH: Sherpa Coaching, 2015)。

　　　关于教练的背景资料：R. E. Boyatzis, M. L. Smith, and A. J. Beveridge, "Coaching with Compassion: Inspiring Health, Well-Being, and Development in Organizations"，*Journal of Applied Behavioral Science* 49, no. 2 (2013): 153–178。

4. 对于教练结果的研究（不包括治疗、教学、咨询和其他帮助形式）表明，教练会给被教练者带来积极影响，尤其是在幸福感的提高、自我感知改变的增加以及他们与教练关系的增进方面；见 A. Athanasopoulou and S. Dopson, "A Systematic Review of Executive Coaching Outcomes: Is It the Journey or the Destination That Matters the Most?" *Leadership Quarterly*, 29, no. 1 (2018): 70–88; A. M. Grant, "What Can Sydney Tell Us about Coaching? Research with Implications for Practice from Down Under," *Consulting Psychology Journal: Practice and Research* 68 (2016): 105–117; E. de Haan et al., "A Large Scale Study of Executive and Workplace Coaching: The Relative Contributions of Relationship, Personality Match, and Self-Efficacy," *Consulting Psychology Journal: Practice and Research* 68, no. 3 (2016): 189 –207; T. Bachkirova and S. Borrington, "Old Wine in New Bottles: Exploring Pragmatism as a Philosophical Framework for the Discipline of Coaching," *Academy of Management Learning and*

Education (2018); W. J. G. Evers, A. Brouwers, and W. Tomic, "A Quasi-Experimental Study on Management Coaching Effectiveness," *Consulting Psychology Journal: Practice and Research* 58 (2006): 174 –182; E. de Haan et al., "Executive Coaching Outcome Research: The Contribution of Common Factors Such as Relationship, Personality Match, and Self-Efficacy," *Consulting Psychology Journal: Practice and Research* 65 (2013): 40–57; A. M. Grant, *Workplace, Executive and Life Coaching: An Annotated Bibliography from the Behavioural Science and Business Literature* (Sydney, Australia: University of Sydney Coaching Psychology Unit, 2011); T. Theeboom, B. Beersma, and E. M. Van Wianen, "Does Coaching Work? A Meta-Analysis on the Effects of Coaching on Individual Level Outcomes in an Organizational Context," *Journal of Positive Psychology* 9, no. 1 (September 2013): 1–18; G. A. Sforzo et al., "Compendium of the Health and Wellness Coaching Literature," *Journal of Life-style Medicine* 12, no. 6 (2018); R. Jones, S. Woods, and Y. Guillaume, "The Effectiveness of Workplace Coaching: A Meta-Analysis of Learning and Performance Outcomes from Coaching," *Journal of Occupational and Organizational Psychology* 89 (2015): 249–277。

5. 这些关于教练结果的纵向研究，可以在以下文献中找到详细的研究结果：R. E. Boyatzis and K. V. Cavanagh, "Leading Change: Developing Emotional, Social, and Cognitive Competencies in Managers during an MBA Program," in *Emotional Intelligence in Education: Integrating Research into Practice*, ed. K. V. Keefer, J. D. A. Parker, and D. H. Saklofske (New York: Springer, 2018), 403–426; E. Amdurer et al., "Longitudinal Impact of Emotional, Social and Cognitive Intelligence Competencies on Career and Life Satisfaction and Career Success," *Frontiers in Psychology* 5, article 1447 (2014), doi:10.3389/fpsyg.2014.01447; R. E. Boyatzis, A. Passarelli, and H. Wei, "Developing Emotional, Social, and Cognitive Competencies in MBA Programs: A Twenty-Five Year Perspective," in *Leader Interpersonal and Influence Skills: The Soft Skills of Leadership*, ed. R. Riggio and S. Tan (London: Routledge, 2013): 311–330; A. Passarelli, R. E. Boyatzis and H. Wei, "Assessing Leader Development: Lessons from a Historical Review of

MBA Outcomes," *Journal of Management Education* 42, no. 1 (2018): 55–79; R. E. Boyatzis, A. Lingham, and A. Passarelli, "Inspiring the Development of Emotional, Social, and Cognitive Intelligence Competencies in Managers," in *Self-Management and Leadership Development*, ed. M. Rothstein and R. Burke (Cheltenham, UK: Edward Elgar Publishers, 2010), 62–90; R. E. Boyatzis and A. Saatcioglu, "A Twenty-Year View of Trying to Develop Emotional, Social and Cognitive Intelligence Competencies in Graduate Management Education," *Journal of Management Development* 27, no. 3 (2008): 92–108; R. E. Boyatzis, E. C. Stubbs, and S. N. Taylor, "Learning Cognitive and Emotional Intelligence Competencies through Graduate Management Education," *Academy of Management Journal on Learning and Education* 1, no. 2 (2002): 150–162; R. Ballou et al., "Fellowship in Lifelong Learning: An Executive Development Program for Advanced Professionals," *Journal of Management Education* 23, no. 4 (1999): 338–354; R. E. Boyatzis et al., "Competencies Can Be Developed but Not in the Way We Thought," *Capability* 2, no. 2 (1996): 25–41; R. E. Boyatzis, "Consequences and Rejuvenation of Competency-Based Human Resource and Organization Development," in *Research in Organizational Change and Development*, vol. 9, ed. R. W. Woodman and W. A. Pasmore (Greenwich, CT: JAI Press, 1996), 101–122; R. E. Boyatzis and A. Renio, "The Impact of an MBA Program on Managerial Abilities," *Journal of Management Development* 8, no. 5 (1989): 66–77; R. E. Boyatzis et al., "Will It Make a Difference? Assessing a Value-Based, Outcome Oriented, Competency Based Professional Program," *Innovating in Professional Education: Steps on a Journey from Teaching to Learning* (San Francisco: Jossey-Bass, 1995), 167–202; L. Mosteo et al., "Understanding Cognitive-Emotional Processing through a Coaching Process: The Influence of Coaching on Vision, Goal-Directed Energy, and Resilience," *Journal of Applied Behavioral Science* 52, no. 1 (2016): 64–96; D. C. Leonard, "The Impact of Learning Goals on Emotional, Social, and Cognitive Intelligence Competency Development," *Journal of Management Development* 27, no. 1 (2008): 109–128; K. Rhee, "The Beat and Rhythm of Competency Development over Two Years," *Journal of Management*

Development 12, no. 1 (2008): 146–160; J. V. Wheeler, "The Impact of Social Environments on Emotional, Social, and Cognitive Competency Development," *Journal of Management Development* 27, no. 1 (2008): 129–145。

6. 关于详细的研究结果，见 R. E. Boyatzis, "Leadership Development from a Complexity Perspective," *Consulting Psychology Journal: Practice and Research* 60, no. 4 (2008): 298–313。

7. 一些人质疑在教练或心理治疗中进行自我暴露的做法。Tatiana Bachkirova 撰文提到了"教练的自我"的重要性["The Self of the Coach: Conceptualization, Issues, and Opportunities for Practitioner Development," *Consulting Psychology Journal: Practice and Research* 68, no. 2 (2016): 143–156]。多年来，还有许多人撰文写过适当地进行自我暴露对于促进被教练者成长的价值，例如，见 S. M. Jourard, *Self-Disclosure: An Experimental Analysis of the Transparent Self* (Ann Arbor, MI: Wiley-Interscience, 1971)。

8. 更多关于心理和行为层面的资料，可以阅读 E. Hatfield, J. T. Cacioppo, and R. L. Rapson, *Emotional Contagion: Studies in Emotion and Social Interaction* (New York: Cambridge University Press, 1993)，以及近期的研究文献 H. A. Elfenbein, "The Many Faces of Emotional Contagion: An Affective Process Theory of Affective Linkage," *Organizational Psychology Review* 4, no. 4, (2014): 326–362。

第 3 章

1. 见 Ron Ashkenas, "Change Management Needs to Change," *Harvard Business Review*, April 2013。

2. M. T. Brown, MD, and J. K. Bussell, MD, "Medication Adherence: WHO Cares?" *Mayo Clinic Proceedings* 86, no. 4 (April 2011): 304–314.

3. 梅尔文的教练是来自魏德海高管教育教练团队的梅格·塞尔巴克（Meg Seelbach）。

4. 意向改变理论（ICT）始于20世纪60年代末，当时理查德·博亚特兹加入了大卫·科尔布（David Kolb）的团队，科尔布先后在麻省理工学院和凯斯西储大学担任教授。在早期，这个理论被称为**自主的行为改**

变（self-directed behavior change），随后人们开展了一系列关于帮助及其影响的研究 [见 D. A. Kolb and R. E. Boyatzis, " On the Dynamics of the Helping Relationship," *Journal of Applied Behavioral Science* 6, no. 3 (1970): 267–290; D. A. Kolb and R. E. Boyatzis, " Goal Setting and Self-Directed Behavior Change," *Human Relations* 23, no. 5 (1970): 439–457]。在 20 世纪 90 年代末，ICT 作为一个理论被提出，因为当时的人们清楚地意识到，它是人类系统中持续的、期望的变化在多个层面上的分形。研究揭示了显著的不连续性，因此非线性动力学和复杂性理论的要素被用来解释修正后的理论 [见 R. E. Boyatzis, " Intentional Change Theory from a Complexity Perspective," *Journal of Management Development* 25, no. 7 (2006): 607–623] ; R. E. Boyatzis, " Coaching with Intentional Change Theory," in *The Professional Coach's Desk Reference*, ed. P. Brownell, S. English, and J. Sabatine (New York: Springer, 2017)。

5. R. E. Boyatzis and K. Akrivou, " The Ideal Self as the Driver of Intentional Change," *Journal of Management Development* 25, no. 7 (2006): 624–642.

6. Dewitt Jones, *Celebrate What's Right with the World* (video), Star Thrower Distributions, 2010.

7. S. N. Taylor, " Redefining Leader Self-Awareness by Integrating the Second Component of Self-Awareness," *Journal of Leadership Studies* 3, no. 4 (2010): 57–68; S. N. Taylor, " Student Self-Assessment and Multi-source Feedback Assessment: Exploring Benefits, Limitations, and Remedies," *Journal of Management Education* 38, no. 3 (2014): 359–383.

8. 关于其他方式，见 M. Goldsmith, " Try Feedforward Instead of Feedback," *Leader to Leader* 25 (Summer 2002): 11–14。

9. M. Maltz, *Psycho-Cybernetics* (New York: Simon and Schuster, 1960).

10. S. Covey, *The Seven Habits of Highly Effective People* (New York: Simon and Schuster, 1989).

11. M. Gladwell, *Outliers: The Story of Success* (New York: Little, Brown and Company, 2008).

12. P. Lally et al., " How Are Habits Formed: Modelling Habit Formation in the Real World," *European Journal of Social Psychology* 40 (2010): 998–1009.

13. 见 D. Goleman, *Emotional Intelligence* (New York: Bantam Books, 1995); D.

Goleman, *Working with Emotional Intelligence* (New York: Bantam Books, 1998); R. Boyatzis and D. Goleman, *Emotional and Social Competency Inventory* (2007)，由科恩·费里（Korn Ferry）在全世界推广运用；D. Goleman, R. E. Boyatzis, and A. McKee, *Primal Leadership: Realizing the Power of Emotional Intelligence* (Boston: Harvard Business School Press, 2002); R. E. Boyatzis, "The Behavioral Level of Emotional Intelligence and Its Measurement," *Frontiers in Psychology* 9, article 1438 (August 13, 2018), doi:10.3389/ fpsyg.2018.01438; D. Goleman and R. E. Boyatzis, "Social Intelligence and the Biology of Leadership," *Harvard Business Review*, September, 2008, pp. 74–81。

14. D. Dunning, "On Identifying Human Capital: Flawed Knowledge Leads to Faulty Judgments of Expertise by Individuals and Groups," *Advances in Group Processes* 32 (2015): 149–176 ；另见 D. Goleman, *Vital Lies, Simple Truths: The Psychology of Self-Deception* (New York: Simon and Schuster, 1985)。

15. 关于教练风格的评估研究，见：E. de Haan and V. O. Nilsson, "Evaluating Coaching Behavior in Managers, Consultants, and Coaches: A Model, Questionnaire, and Initial Findings," *Consulting Psychology Journal: Practice and Research* 69, no. 4 (2017): 315; C. W. Coultas and E. Salas, "Identity Construction in Coaching: Schemas, Information Processing, and Goal Commitment," *Consulting Psychology Journal: Practice and Research* 67, no. 4 (2015): 298; R. T. Y. Hui and C. Sue Chan, "Variations in Coaching Style and Their Impact on Subordinates' Work Outcomes," *Journal of Organizational Behavior* 39, no 5 (2018): 663–679; C. Kauffman and W. H. Hodgetts, "Model Agility: Coaching Effectiveness and Four Perspectives on a Case Study," *Consulting Psychology Journal: Practice and Research* 68 (2016): 157–176; G. Bozer and B-K. Joo, "The Effects of Coachee Characteristics and Coaching Relationships on Feedback Receptivity and Self-Awareness in Executive Coaching," *International Leadership Journal* 7, no. 3 (2015): 36–58; G. Bozer, B-K. Joo, and J. C. Santora, "Executive Coaching: Does Coach-Coachee Matching Based on Similarity Really Matter?" *Consulting Psychology Journal: Practice and Research* 67, no. 3 (2015): 218–233。

16. Kauffman and Hodgetts, "Model Agility."

17. 参见相关研究：Goleman, Boyatzis, and McKee, *Primal Leadership*, 105–108。

18. R. E. Boyatzis et al., "Coaching Can Work, but Doesn't Always," *People Management*, March 11, 2004.

第 4 章

1. 关于教育环境关注点的转变具有深远的意义，约翰·杜威（John Dewey）早在 20 世纪 20 年代就提及过 [J. Dewey, *Experience and Education*, Kappa Delta Pi (1938)]，以学习者为中心的成长发展通常被认为是由"大烟鬼们"所做的实验（一种错误的、贬损的观点，暗指他们可能在没有医疗需求的情况下使用了改变思维的药物）。几十年来，蒙台梭利教学法（Montessori Method）被许多人认为是在迎合和纵容孩子，而实际上，蒙台梭利的教师们试图利用每个孩子天生的好奇心和精力来帮助他们学习。

2. 关于结果评估的早期研究：R. Albanese et al., "Outcome Measurement and Management Education: An Academy of Management Task Force Report" (presentation at the Annual Academy of Management Meeting, San Francisco, 1990); A. W. Astin, *What Matters in College? Four Critical Years* (San Francisco: Jossey-Bass, 1993); T. W. Banta, ed., *Making a Difference: Outcomes of a Decade of Assessment in Higher Education* (San Francisco: Jossey-Bass, 1993); M. Mentkowski et al., "Understanding Abilities, Learning and Development through College Outcome Studies: What Can We Expect from Higher Education Assessment?" (paper presented at the Annual Meeting of the American Educational Research Association, Chicago, 1991); M. Mentkowski and Associates, *Learning That Lasts: Integrating Learning, Development, and Performance in College and Beyond* (San Francisco: Jossey-Bass, 2000); E. T. Pascarella and P. T. Terenzini, *How College Affects Students: Findings and Insights from Twenty Years of Research* (San Francisco: Jossey-Bass, 1991)。

　　学习是教育中的输出：在教育中，学习是输出。但是，由于教育通常被框定为一个专家体系，意味着教师（和学校管理人员）比学生或家长更了解教育这个过程，这导致人们往往更关注的是某人教了什么，而不是学生学了什么。

关于高等教育的结果评估研究始于 20 世纪 70 年代初，以帮助高等学府试验和调整它们的教育过程，来适应当时所谓的"非传统学生"（见上文关于结果评估的早期研究文献）。这个标签被用来指代 21 岁以上、女性或少数族裔群体的大学生。乔治·布什总统（George H. Bush）在 1989 年通过了一项行政命令，要求任何寻求联邦资助的认证机构必须要求学院和项目使用结果评估来展现他们的学生实际学到了什么。21 世纪初，美国大学商学院协会（American Association of Collegiate Schools of Business，AACSB；后来更名为 Association of Academic and Collegiate Schools of Business），这个负责对所有商业项目进行认证的组织，开始探讨重新认证和初始认证是否应该基于特定机构的既定目的，而不是基于其图书馆的馆藏量、拥有博士学位的教师人数等。后者和当时的主要标准被称为**输入特征**。它们是发展过程中的输入端。关于学生所学内容的证据问题被称为**输出导向**。

这个关注点的转变意义深刻，即要求教师和学校管理人员更多地关注学生而不是教师。仅仅说明教师们声称其在教学大纲中涵盖了哪些内容是不够的——你必须询问学生学到了什么，以及在课程结束后的几个月内其学习记忆的保持时间。这是通过把重点放在学生身上而提出的正确问题。

3. 自控力是一种情绪智力，相关阐述见：D. Goleman, R. E. Boyatzis, and A. McKee in *Primal Leadership: Realizing the Power of Emotional Intelligence* (Boston: Harvard Business School Press, 2002)。大量研究表明，它可以显著预测帮助行为的有效性，见 R. E. Boyatzis, " Core Competencies in Coaching Others to Overcome Dysfunctional Behavior, " in *Emotional Intelligence and Work Performance*, ed. V. Druskat, G. Mount, and F. Sala (Mahwah, NJ: Erlbaum, 2005), 81–95, 以及 R. E. Boyatzis, " Emotional Intelligence, " in *Sage Encyclopedia of Educational Research, Measurement, and Evaluation*, ed. Bruce Frey (Thousand Oaks, CA: Sage Publications, 2018), 579–580。

4. Edgar H. Schein, *Helping: How to Offer, Give, and Receive Help* (San Francisco: Berrett-Koehler, 2009).

5. D. De La Cruz, " What Kids Wish Their Teachers Knew, " *New York Times*,

August 31, 2016; K. Schwartz, *I Wish My Teacher Knew: How One Question Can Change Everything for Our Kids* (Boston: Da Capo Lifelong Books, 2016).

6. D. Goleman, *Focus: The Hidden Driver of Excellence* (New York: Harper Books, 2015).

7. R. E. Boyatzis, K. Rochford, and K. Cavanagh, "The Role of Emotional and Social Intelligence Competencies in Engineer's Effectiveness and Engagement," *Career Development International* 22, no. 1 (2017): 70–86.

8. 在帮助他人的过程中，试图共情会唤起助人者的受威胁感（消极情绪吸引因子）。想象对方的感受（即设身处地为对方着想）会影响到助人者。见 A. E. K. Buffone et al., "Don't Walk in Her Shoes! Different Forms of Perspective Taking Effect Stress Physiology," *Journal of Experimental Social Psychology* 72 (September 2017): 161–168。

9. 360 度评估将会收集来自你的老板、同事、下属、客户甚至伴侣的信息。为了更好地了解这种方法和测试细节，请参阅"情绪和社交能力量表"（Emotional and Social Competency Inventory，ESCI），见 R. E. Boyatzis, "The Behavioral Level of Emotional Intelligence and Its Measurement," *Frontiers in Psychology* 9, article 1438 (2018): doi.org/10.3389/fpsyg.2018.01438 ; J. M. Batista-Foguet et al., "Why Multisource Assessment and Feedback Has Been Erroneously Analyzed and How It Should Be," *Frontiers in Psychology* 9, article 2646 (2019): https://doi.org/10.3389/fpsyg.2018.02646 ; R. E. Boyatzis, "Commentary of Ackley (2016): Updates on the ESCI as the Behavioral Level of Emotional Intelligence," *Consulting Psychology Journal: Practice and Research* 68, no. 4 (2017): 287–293 ; R. E. Boyatzis, J. Gaskin, and H. Wei, "Emotional and Social Intelligence and Behavior," in *Handbook of Intelligence: Evolutionary, Theory, Historical Perspective, and Current Concepts*, ed. D. Princiotta, S. Goldstein, and J. Naglieri (New York: Spring Press, 2014), 243–262。关于使用 ESCI 的更多信息，联系 http://www.haygroup.com/leadershipandtalentondemand/ourproducts/item_details.aspx?itemid=58&type=2; Priscilla De San Juan Olle(Priscilla.Olle@KornFerry.com, 617-927-5018)。

10. R. F. Baumeister et al., "Bad Is Stronger Than Good," *Review of General*

Psychology 5, no. 4 (2001): 323–370.

11. M. Khawaja, "The Mediating Role of Positive and Negative Emotional Attractors between Psychosocial Correlates of Doctor-Patient Relationship and Treatment of Type II Diabetes" (doctoral dissertation, Case Western Reserve University, 2011).

12. J. Groopman, *The Anatomy of Hope* (New York: Random House, 2000); Atul Gawande, *Being Mortal* (London: Picador, 2016).

13. 我们开展了两项关于对比积极情绪吸引因子（PEA）和消极情绪吸引因子（NEA）教练的功能磁共振成像研究，结果显示了其中涉及的神经机制：A. I. Jack et al., "Visioning in the Brain: An fMRI Study of Inspirational Coaching and Mentoring," *Social Neuroscience* 8, no. 4 (2013): 369–384 [reviewed in A. Passarelli, "The Neuro-Emotional Basis of Developing Leaders through Personal Vision," *Frontiers in Psychology* 6, article 1335 (2015): doi:10.3389/ fpsyg.2014.01335], 以及 A. Passarelli et al., "Neuroimaging Reveals Link Between Vision and Coaching for Intentional Change," (in review) (also presented at the Annual Meeting of the Academy of Management, Vancouver, British Columbia, Canada, 2015)。

14. E. Friedmann et al., "Animal Companions and One-Year Survival of Patients after Discharge from a Coronary Care Unit," *Public Health Reports* 95, no. 4 (1980): 307；J. P. Polheber and R. L. Matchock, "The Presence of a Dog Attenuates Cortisol and Heart Rate in the Trier Social Stress Test Compared to Human Friends," *Journal of Behavioral Medicine* 37, no. 5 (2014): 860–867.

15. R. Boyatzis and A. McKee, *Resonant Leadership: Renewing Yourself and Connecting with Others through Mindfulness, Hope, and Compassion* (Boston: Harvard Business School Press, 2005).

16. 关于压力的研究的最佳总结：R. Sapolsky, *Why Zebras Don't Get Ulcers*, 3rd ed. (New York: Harper Collins, 2004)；其他相关评论和讨论，见 S. C. Segerstrom and G. E. Miller, "Psychological Stress and the Human Immune System: A Meta-Analytic Study of 30 Years of Inquiry," *Psychological Bulletin* 130, no. 4 (2004): 601–630；S. S Dickerson and M. E. Kemeny, "Acute Stressors and Cortisol Responses: A Theoretical Integration and

Synthesis of Laboratory Research," *Psychological Bulletin* 130 (2004): 355–391 ; R. E. Boyatzis, M. L. Smith, and N. Blaize, " Sustaining Leadership Effectiveness through Coaching and Compassion: It's Not What You Think," *Academy of Management Learning and Education* 5 (2006): 8–24。

17. J. LeDoux, *The Emotional Brain: The Mysterious Underpinnings of Emotional Life* (New York: Touchstone Books, Simon & Shuster, 1996); J. LeDoux, *Synaptic Self: How Our Brains Become Who We Are* (New York: Viking, 2002).

18. B. Libet et al., " Subjective Referral of the Timing for a Conscious Sensory Experience," *Brain* 102, no. 1 (1979): 193–224.

19. 在管理方面的幽默及其有效性：F. Sala, " Relationship between Executives' Spontaneous Use of Humor and Effective Leadership " (unpublished PhD thesis, Boston University, 1996); F. Sala, " Laughing All the Way to the Bank," *Harvard Business Review* (September 2003) 。

　　　幽默对于治疗的效果：C. M. Greene et al., " Evaluation of a Laughter-Based Exercise Program on Health and Self-efficacy for Exercise, " *The Gerontologist* 57, no. 6 (2016): 1051–1061; J. H. Han, K. M Park, and H. Park, " Effects of Laughter Therapy on Depression and Sleep among Patients at Long-Term Care Hospitals, " *Korean Journal of Adult Nursing* 29, no. 5 (2017): 560–568; H. Ko and C. Youn, " Effects of Laughter Therapy on Depression, Cognition and Sleep among the Community-Dwelling Elderly," *Geriatrics and Gerontology International* 11 (2011): 267–274。

20. G. N. Bratman et al., " Nature Experience Reduces Rumination and Subgenual Prefrontal Cortex Activation, " *Proceedings of the National Academy of Sciences*, 112, no. 28 (2015): 8567–8572; G. N. Bratman et al., " The Benefits of Nature Experience: Improved Affect and Cognition, " *Landscape and Urban Planning* 138 (2015): 41–50.

21. K. C. Rochford, " Relational Climate in the Work Place: Dimensions, Measurement and Validation " (unpublished qualifying paper, Case Western Reserve University, 2016); K. C. Rochford, " Intentionality in Workplace Relationships: The Role of Relational Self-Efficacy" (unpublished doctoral dissertation, Case Western Reserve University, 2016); R. E. Boyatzis,

"Measuring the Impact of Quality of Relationships through the Positive Emotional Attractor," in *Positive Psychology of Relationships*, ed. S. Donaldson and M. Rao (Santa Barbara, CA: Praeger Publishers, 2018), 193–209; R. E. Boyatzis, K. Rochford, and S. N. Taylor, "The Role of the Positive Emotional Attractor as Vision and Shared Vision: Toward Effective Leadership, Relationships and Engagement," *Frontiers in Psychology* 6, article 670 (May 21, 2015), http://dx.doi.org/10.3389/fpsyg.2015.00670.

第 5 章

1. 我们向所有爱蛇人士或把蛇作为宠物的人道歉。我们并不是在贬低蛇，只是指出没有科学证据表明蛇会寻求新奇感或情感上的快乐。而在从大象到狗、猫再到海豚的各种哺乳动物中，以及从黑猩猩到人类的灵长类动物中，都存在这些状态的证据。

2. R. E. Boyatzis, M. Smith, and N. Blaize, "Developing Sustainable Leaders through Coaching and Compassion," *Academy of Management Journal on Learning and Education* 5, no. 1 (2006): 8–24; R. E. Boyatzis, M. L. Smith, and A. J. Beveridge, "Coaching with Compassion: Inspiring Health, Well-Being, and Development in Organizations," *Journal of Applied Behavioral Science* 49, no. 2 (2012): 153–178.

3. R. E. Boyatzis, "When Pulling to the Negative Emotional Attractor Is Too Much or Not Enough to Inspire and Sustain Outstanding Leadership," in *The Fulfilling Workplace: The Organization's Role in Achieving Individual and Organizational Health*, ed. R. Burke, C. Cooper, and G. Woods (London: Gower Publishing, 2013), 139–150.

4. 这些案例故事最初在波士顿举办的 2012 年教练协会年会（Institute of Coaching annual meeting）上被讲述出来，并发表在以下文章中：R. E. Boyatzis et al., "Developing Resonant Leaders through Emotional Intelligence, Vision and Coaching," *Organizational Dynamics* 42 (2013): 17–24。

5. 当一个人的内在处于自洽且统一的状态时，就会为更新过程提供支持。这是一种正念状态，我们在之前的文章和书中都进行过深入的探讨。见 R.

E. Boyatzis and A. McKee, *Resonant Leadership: Renewing Yourself and Connecting with Others through Mindfulness, Hope, and Compassion* (Boston: Harvard Business School Press, 2005) 和 A. McKee, R. E. Boyatzis, and F. Johnston, *Becoming a Resonant Leader* (Boston: Harvard Business School Press, 2008)，其中我们声称，一个人的思想、躯体、身体健康和精神健康是融合并且具有一致性的。因此，我们通常会要求人们在设立其个人愿景时考虑这些方面。当一个人的行为具备整体性时，他的各个组成部分都会朝着同一个目标而努力。而当其中某个部分的工作方式与其他部分不相同，甚至可能产生冲突时，能量和注意力就会从这个人的其他部分转移过来。当所有部分都能够同频时，人类的行动似乎最有效和高效。更多详细信息，见 Boyatzis, Smith, and Blaize, "Developing Sustainable Leaders"，和 Boyatzis and McKee, *Resonant Leadership*。

6. R. F. Baumeister, "The Nature and Structure of the Self: An Overview," in *The Self in Social Psychology*, ed. R. F. Baumeister (Philadelphia: Psychology Press, 1999), 1–20; R. F. Baumeister et al., "Bad Is Stronger Than Good," *Review of General Psychology* 5, no. 4 (2001): 323–370.

7. A. Howard, "Coaching to Vision Versus Coaching to Improvement Needs: A Preliminary Investigation on the Differential Impacts of Fostering Positive and Negative Emotion during Real-Time Executive Coaching Sessions," *Frontiers in Psychology* 6, article 455 (2015): https://doi.org/10.3389/fpsyg.2015.00455; and R. E. Boyatzis and A. Howard, "When Goal Setting Helps and Hinders Sustained, Desired Change," in *Goal Setting and Goal Management in Coaching and Mentoring*, ed. S. David, D. Clutterbuck, and D. Megginson (Abington, UK: Taylor and Francis, 2013), 211–228.

8. A. I. Jack et al., "fMRI Reveals Reciprocal Inhibition between Social and Physical Cognitive Domains," *NeuroImage*, 66C (2012): 385–401; A. I. Jack, A. J. Dawson, and M. Norr, "Seeing Human: Distinct and Overlapping Neural Signatures Associated with Two Forms of Dehumanization," *NeuroImage* 79, no. 1 (2013): 313–328; A. I. Jack et al., "Why Do You Believe in God? Relationships between Religious Belief, Analytic Thinking, Mentalizing and Moral Concern," *PLOSONE* (2016); M. E. Raichle, "Two Views of Brain Function" Trends in *Cognitive Sciences* 14 (2010): 180–190;

F. Van Overwalle, "A Dissociation between Social Mentalizing and General Reasoning," *NeuroImage* 54 (2010): 1589–1599; M. D. Fox et al., "The Human Brain Is Intrinsically Organized into Dynamic, Anti-Correlated Functional Networks," *Proceedings of the National Academy of Sciences of the USA* 102, no. 27 (2005): 9673–9678; R. L. Buckner, J. R. Andrews-Hanna, and D. L. Schacter, "The Brain's Default Network," *Annals of the New York Academy of Sciences* 1124, no. 1 (2008): 1–38. 安东尼·杰克担心使用这些网络的历史名称具有误导性。例如，**默认模式网络**（default mode network）最初指的是我们在休息时而不是在从事任何类型的任务时使用的网络。当人们有意识地运用同理心来理解他人时，这个网络会比休息时要活跃得多。他还说，**"任务积极网络"**（task positive network）这个标签也具有误导性。当人们有意识地参与同理心任务时，这个网络实际上是被抑制的。**分析网络**（analytic network）这个标签与行动导向加工的关联性更强。

9. 关于在教练背景下的更详细的探讨，见 R. E. Boyatzis and A. I. Jack, "The Neuroscience of Coaching," *Consulting Psychology Journal* 70, no. 1 (2018): 11–27。

10. R. Boyatzis, A. McKee, and D. Goleman, "Reawakening Your Passion for Work," *Harvard Business Review*, April 2002, 86–94.

11. 关于近期神经科学研究的更多细节及其与教练的相关性，见 Boyatzis and Jack, "The Neuroscience of Coaching"。

12. J. E. Zull, *The Art of Changing the Brain: Enriching Teaching by Exploring the Biology of Learning* (Sterling, VA: Stylus, 2002).

13. 以下文献综述了几千个关于 ELT 的研究：D. A. Kolb, *Experiential Learning Theory* (Englewood Cliffs, NJ: Prentice Hall, 2015)。

14. 如有兴趣了解这两个网络是如何有助于道德型领导力的，详细的讨论见：K. Rochford et al., "Neural Roots of Ethical Leadership and the Development of Better Leaders: The Default Mode Network versus the Task Positive Network," *Journal of Business Ethics* 144, no. 4 (2016): 755–770。

15. 第一项研究发表于 A. I. Jack et al., "Visioning in the Brain: An fMRI Study of Inspirational Coaching and Mentoring," *Social Neuroscience* 8, no. 4 (2013): 369–384；并被纳入这篇综述，见 A. Passarelli, "Vision-Based Coaching: Optimizing Resources for Leader Development," *Frontiers in*

Psychology 6 (2015), https://doi.org/10.3389/fpsyg.2015.00412；另 见 A. Passarelli et al., "Neuro-imaging Reveals Link between Vision and Coaching for Intentional Change" (in review)；该论文在 2015 年举办的管理学年会（Annual Meeting of the Academy of Management, Vancouver, British Columbia, August 8, 2015）上被宣读。

16. C. Camerer and D. Lovallo, "Overconfidence and Excess Entry: An Experimental Approach," *American Economic Review* 89, no. 1 (1999): 306–318.

17. Jack, Dawson, and Norr, "Seeing Human"; Rochford et al., "Neural Roots of Ethical Leadership."

18. S. S. Dickerson and M. E. Kemeny, "Acute Stressors and Cortisol Responses: A Theoretical Integration and Synthesis of Laboratory Research," *Psychological Bulletin* 130, no. 3 (2004): 355–391; B. S. McEwen, "Protective and Damaging Effects of Stress Mediators," *New England Journal of Medicine* 338 (1998): 171–179; R. M. Sapolsky, *Why Zebras Don't Get Ulcers*, 3rd ed. (New York: Harper Collins, 2004); S. C. Segerstom and G. E. Miller, "Psychological Stress and the Human Immune System: A Meta-Analytic Study of 30 Years of Inquiry," *Psychological Bulletin* 130, no. 4 (2004): 601–630; F. G. Asby, A. M. Isen, and A. U. Turken, "A Neuropsychological Theory of Positive Affect and Its Influence on Cognition," *Psychological Review* 106, no. 3 (1999): 529–550.

19. Dickerson and Kemeny, "Acute Stressors and Cortisol Responses"; McEwen, "Protective and Damaging Effects of Stress Mediators"; Sapolsky, *Why Zebras Don't Get Ulcers*; Segerstom and Miller, "Psychological Stress and the Human Immune System"; Asby, Isen, and Turken, "A Neuropsychological Theory of Positive Affect."

20. Baumeister, "The Nature and Structure of the Self"; Baumeister et al., "Bad Is Stronger Than Good."

21. "适可而止"（nothing in excess）经常被错误地认为是亚里士多德（Aristotle）、柏拉图（Plato）或苏格拉底（Socrates）说的，但实际上出自克莱沃普洛斯（Kleovoulos）。见 Diogenes Laërtius, "Cleobulus," *Lives of the Eminent Philosophers*, vol. 1, trans R. D. Hicks (Cambridge, MA: Loeb

Classical Library, 1925), chapter 6。

22. B. L. Fredrickson, "The Role of Positive Emotions in Positive Psychology: The Broaden-and-Build Theory of Positive Emotions," *American Psychologist* 56, no. 3 (2001): 218–226; B. L. Fredrickson, "The Broaden-and-Build Theory of Positive Emotions," *Philosophical Transactions of the Royal Society of London B: Biological Sciences* 359, no. 1449 (2004): 1367–1378; B. L. Fredrickson, "Updated Thinking on Positivity Ratios," *American Psychologist* 68, no. 9 (2013): 814–822.

23. J. M. Gottman et al., *The Mathematics of Marriage: Dynamic Non-Linear Models* (Cambridge, MA: MIT Press, 2002).

24. 以下文献综述了对比积极情绪吸引因子（PEA）与消极情绪吸引因子（NEA）教练的功能磁共振成像研究：Boyatzis and Jack, "The Neuroscience of Coaching"; Jack et al., "Visioning in the Brain"; Passarelli, "The Neuro-Emotional Basis of Developing Leaders"; Passarelli et al., "Neuroimaging Reveals Link"。

25. N. I. Eisenberger and S. W. Cole, "Social Neuroscience and Health: Neurophysiological Mechanisms Linking Social Ties with Physical Health," *Nature Neuroscience* 15, no. 5 (2012): 669–674; N. I. Eisenberger and M. D. Lieberman, "Why Rejection Hurts: A Common Neural Alarm System for Physical and Social Pain," *Trends in Cognitive Science* 8, no. 7 (2004): 294–300.

26. R. E. Boyatzis, K. Rochford, and S. N. Taylor, "The Role of the Positive Emotional Attractor in Vision and Shared Vision: Toward Effective Leadership, Relationships, and Engagement," *Frontiers in Psychology* 6, article 670 (2015), doi:10.3389/fpsyg.2015.00670; Fredrickson, "The Role of Positive Emotions"; Gottman et al., *The Mathematics of Marriage*.

27. L. Mosteo et al., "Understanding Cognitive-Emotional Processing through a Coaching Process: The Influence of Coaching on Vision, Goal-Directed Energy, and Resilience," *Journal of Applied Behavioral Science* 52, no. 1 (2016): 64–96.

28. 博亚特兹和戈尔曼（Goleman）在《个人的可持续发展指标》（*Personal Sustainability Index*）（即将出版）一书中评估了一个人在一周内花在压力

和恢复上的时间，以及压力和复原活动的多样性。阅读更多相关内容并进行评估，见 R. E. Boyatzis et al., "Thrive and Survive: Validation of the Personal Sustainability Index" (in review)。

29. D. C. McClelland et al., *The Drinking Man: Alcohol and Human Motivation* (New York: Free Press, 1972); R. E. Boyatzis, "Power Motivation Training: A New Treatment Modality," in *Work in Progress on Alcoholism: Annals of the New York Academy of Sciences*, ed. F. Seixas and S. Eggleston (New York: Academy of Sciences, 1976), 273; H. Cutter, R. E. Boyatzis, and D. Clancy, "The Effectiveness of Power Motivation Training for Rehabilitating Alcoholics," *Journal of Studies on Alcohol* 38, no. 1 (1977): 131–141.

30. Personal Sustainability Index; Boyatzis et al., "Thrive and Survive."

31. Boyatzis et al., "Thrive and Survive."

第 6 章

1. Diana Nyad interview with Sanjay Gupta, *CNN with Anderson Cooper*, September 2, 2013.

2. 见 R. Boyatzis and A. McKee, *Resonant Leadership: Renewing Yourself and Connecting with Others through Mindfulness, Hope, and Compassion* (Boston: Harvard Business School Press, 2005), chapters 4–5。并且，在这本书中也有相关讨论：D. Goleman, R. E. Boyatzis, and A. McKee, *Primal Leadership: Realizing the Power of Emotional Intelligence* (Boston: Harvard Business School Press, 2002)。

3. 关于个人愿景的组成部分的讨论，见 R. E. Boyatzis and K. Akrivou, "The Ideal Self as the Driver of Intentional Change," *Journal of Management Development* 25, no. 7 (2006): 624–642; E. T. Higgins, "Self-Discrepancy: A Theory Relating Self and Affect," *Psychological Review* 94, no. 3 (1987): 319–340。

4. L. Carroll, *Alice's Adventures in Wonderland* (New York: Puffin Books, 2015), 80。该书于 1865 年首次出版。

5. 见 A. M. Passarelli, "Vision-Based Coaching: Optimizing Resources for

Leader Development, " *Frontiers in Psychology* 6, article 412 (2015), doi:10.3389/fpsyg.2015.00412, 以及更完整的研究，见 A. M. Passarelli, " The Heart of Helping: Psychological and Physiological Effects of Contrasting Coaching Interactions " (unpublished doctoral dissertation, Case Western Reserve University, 2014)。

6. R. Boyatzis and D. Goleman, *Emotional and Social Competency Inventory* (Boston: The Hay Group, 2007).

7. R. E. Boyatzis and U. Dhar, " The Evolving Ideal Self, " unpublished paper, Case Western Reserve University, Cleveland, OH, 2019; and R. Kegan, *The Evolving Self: Problem and Process in Human Development* (Cambridge, MA: Harvard University Press, 1982).

8. R. E. Boyatzis and D. A. Kolb, " Performance, Learning, and Development as Modes of Growth and Adaptation throughout Our Lives and Careers, " in *Career Frontiers: New Conceptions of Working Lives*, ed. M. Peiperl et al. (London: Oxford University Press, 1999), 76–98.

9. 对成就感的强烈需求是动机之一，相关阐释见 D. C. McClelland, *Human Motivation* (Glenview, IL: Scott Foresman and Co., 1985)。

10. J. F. Brett and D. Vandewalle, " Goal Orientation and Goal Content as Predictors of Performance in a Training Program, " *Journal of Applied Psychology* 84, no. 6 (1999): 863–887; D. A. Kolb and R. E. Boyatzis, " Goal-Setting and Self-Directed Behavior Change, " *Human Relations* 23, no. 5 (1970): 439–457; E. A. Locke and G. P. Latham, *A Theory of Goal Setting and Task Performance* (Englewood Cliffs, NJ: Prentice-Hall, 1990); D. Vandewalle et al., " The Influence of Goal Orientation and Self-Regulation Tactics on Sales Performance: A Longitudinal Field Test, " *Journal of Applied Psychology* 84, no. 2 (1999): 249–259.

11. G. H. Seijts et al., " Goal Setting and Goal Orientation: An Integration of Two Different Yet Related Literatures, " *Academy of Management Journal* 47, no. 2 (2004): 227–239; R. E. Boyatzis and A. Howard, " When Goal Setting Helps and Hinders Sustained, Desired Change, " in *Goal Setting and Goal Management in Coaching and Mentoring*, ed. S. David, D. Clutterbuck, and D. Megginson (New York: Routledge, 2013), 211–228.

12. W. W. Seeley et al., "Dissociable Intrinsic Connectivity Networks for Salience Processing and Executive Control," *Journal of Neuroscience* 27 (2007): 2349–2356; D. Ming et al., "Examining Brain Structures Associated with the Motive to Achieve Success and the Motive to Avoid Failure: A Voxel-Based Morphometry Study," *Social Neuroscience* 11, no. 1 (2007): 38–48；最近的研究表明，内部目标导向的思维，就像自传、甚至愿景和目标发展一样，会激活 EN 相关的部分区域，见 A. Elton and W. Gao, "Task-Positive Functional Connectivity of the Default Mode Network Transcends Task Domain," *Journal of Cognitive Neuroscience* 27, no. 12 (2015): 2369–2381。

13. E. T. Higgins, "Self-Discrepancy: A Theory Relating Self and Affect," *Psychological Review* 94, no. 3 (1987): 319–340; J. Brockner and E. T. Higgins, "Regulatory Focus Theory: Implications for the Study of Emotions at Work," *Annual Review of Psychology* 86, no. 1 (2001): 35–66.

14. A. Passarelli et al., "Neuroimaging Reveals Link between Vision and Coaching for Intentional Change" (in review) (also presented at the Academy of Management, Philadelphia, August 14, 2014); A. Howard, "Coaching to Vision versus Coaching to Improvement Needs: A Preliminary Investigation on the Differential Impacts of Fostering Positive and Negative Emotion during Real Time Executive Coaching Sessions," *Frontiers in Psychology* 6, article 455 (2015), doi:10.3389/fpsyg.2015.00455; Passarelli, "Vision-Based Coaching"; R. E. Boyatzis, and A. Jack, "The Neuroscience of Coaching," *Consulting Psychology Journal* 70, no. 1 (2018): 11–27; A. Passarelli et al., "Seeing the Big Picture: fMRI Reveals Neural Overlap between Coaching and Visual Attention" (in review); A. Jack et al., "Visioning in the Brain: An fMRI Study of Inspirational Coaching and Mentoring," *Social Neuroscience* 8, no. 4 (2013): 369–384.

15. 在本书前文中提到的研究包括：Jack et al., "Visioning in the Brain"; Passarelli et al., "Neuroimaging Reveals Link"。

16. Boyatzis and Akrivou, "The Ideal Self."

17. 关于希望的最全面的研究，见 C. R. Snyder et al., "Development and Validation of the State Hope Model," *Journal of Personality and Social*

Psychology 70 (1996): 321–335。

18. K. Buse and D. Bilimoria, "Personal Vision: Enhancing Work Engagement and the Retention of Women in the Engineering Profession," *Frontiers in Psychology* 5, article 1400 (2014). doi.org/10.3389/fpsyg.2014.01400.

第 7 章

1. 肖恩·汉尼根是该组织与凯斯西储大学共同完成的领导力发展项目的参与者，其间他收到了关于自己的情绪和社交智力方面的 360 度反馈。这种形式的反馈，也被称为多评定者反馈，通常运用于领导力发展和教练中。邀请与此人产生过互动的评定者来回答调查问题，并逐字逐句地评价他们与此人的互动经历。评定者可以是管理者、直接下属、同事、客户和顾客。

2. J. Dutton and E. Heaphy, "The Power of High-Quality Connections," in *Positive Organizational Scholarship: Foundations of a New Discipline*, ed. K. S. Cameron, J. E. Dutton, and R. E. Quinn (San Francisco: Berrett-Koehler, 2003), 263–278; J. P. Stephens, E. Heaphy, and J. Dutton, "High-Quality Connections," in *The Oxford Handbook of Positive Organizational Scholarship*, ed. K. Cameron and G. Spreitzer (New York: Oxford University Press, 2011), 385–399.

3. Dutton and Heaphy, "The Power of High-Quality Connections."

4. J. P. Stephens et al., "Relationship Quality and Virtuousness: Emotional Carrying Capacity as a Source of Individual and Team Resilience," *Journal of Applied Behavioral Science* 49, no. 1 (2013): 13–41.

5. W. Murphy and K. Kram, *Strategic Relationships at Work* (New York: McGraw-Hill, 2014).

6. R. Boyatzis, "Intentional Change Theory from a Complexity Perspective," *Journal of Management Development* 25, no. 7 (2006): 607–623.

7. R. E. Boyatzis, "Measuring the Impact of Quality of Relationships through the Positive Emotional Attractor," in *Toward a Positive Psychology of Relationships: New Directions in Theory and Research*, ed. M. Warren and S. Donaldson (Santa Barbara, CA: Praeger Publishers, 2018), 193–209; E. Hatfield, J. T. Cacioppo, and R. L. Rapson, *Emotional Contagion: Studies*

in Emotion and Social Interaction (New York: Cambridge University Press, 1993); J. K. Hazy and R. E. Boyatzis, "Emotional Contagion and Proto-organizing in Human Dynamics," *Frontiers in Psychology* 6, article 806 (June 12, 2015), http://dx.doi.org/10.3389/ fpsyg.2015.00806; R. E. Boyatzis, K. Rochford, and S. N. Taylor, "The Role of the Positive Emotional Attractor as Vision and Shared Vision: Toward Effective Leadership, Relationships and Engagement," *Frontiers in Psychology* 6, article 670 (May 21, 2015), http://dx.doi.org/10.3389/fpsyg.2015.00670; H. A. Elfenbein, "The Many Faces of Emotional Contagion: An Affective Process Theory of Affective Linkage," *Organizational Psychology Review* 4, no. 4 (August 8, 2014): 336–392; N. A. Christakis and J. H. Fowler, *Connected: The Surprising Power of Our Social Networks and How They Shape Our Lives—How Your Friends' Friends' Friends Affect Everything You Feel, Think, and Do* (Boston: Little, Brown and Spark, 2011).

8. Boyatzis, "Measuring the Impact of Quality of Relationships," ed. M. Warren and S. Donaldson.

9. R. E. Boyatzis and K. Rochford, *Relational Climate Survey* (2015)。可从来自凯斯西储大学的作者那里获得。

10. M. Khawaja, "The Mediating Role of Positive and Negative Emotional Attractors between Psychosocial Correlates of Doctor-Patient Relationship and Treatment of Type II Diabetes" (doctoral dissertation, Case Western Reserve University, 2011).

11. E. Van Oosten, M. McBride-Walker, and S. Taylor, "Investing in What Matters: The Impact of Emotional and Social Competency Development and Executive Coaching on Leader Outcomes," *Consulting Psychology Journal* (in press); E. Van Oosten, "The Impact of Emotional Intelligence and Executive Coaching on Leader Effectiveness" (unpublished doctoral dissertation, Case Western Reserve University, 2013).

12. L. M. Pittenger, "Emotional and Social Competencies and Perceptions of the Interpersonal Environment of an Organization as Related to the Engagement of IT Professionals," *Frontiers in Psychology* 6, article 623 (2015), https://doi.org/10.3389/fpsyg.2015.00623.

13. M. Babu, "Characteristics of Effectiveness Leadership among Community College Presidents" (unpublished doctoral dissertation, Case Western Reserve University, 2016).

14. J. F. Quinn, "The Effect of Vision and Compassion upon Role Factors in Physician Leadership," *Frontiers in Psychology* 6, article 442 (2015), https://doi.org/10.3389/fpsyg.2015.00442.

15. L. Kendall, "A Theory of Micro-Level Dynamic Capabilities: How Technology Leaders Innovate with Human Connection" (unpublished doctoral dissertation, Case Western Reserve University, 2016).

16. J. E. Neff, "Shared Vision and Family Firm Performance," *Frontiers in Psychology* 6, article 646 (2015), https://doi.org/10.3389/fpsyg.2015.00646; S. P. Miller, "Next-Generation Leadership Development in Family Businesses: The Critical Roles of Shared Vision and Family Climate," *Frontiers in Psychology* 6, article 1335 (2015), doi:10.3389/fpsyg.2014.01335; S. P. Miller, "Developing Next Generation Leadership Talent in Family Businesses: The Family Effect" (unpublished doctoral dissertation, Case Western Reserve University, 2014).

17. K. Overbeke, D. Bilimoria, and T. Somers, "Shared Vision between Fathers and Daughters in Family Businesses: The Determining Factor That Transforms Daughters into Successors," *Frontiers in Psychology* 6, article 625 (2015), https://doi.org/10.3389/ fpsyg.2015.00625.

18. E. G. Mahon, S. N. Taylor, and R. E. Boyatzis, "Antecedents of Organizational Engagement: Exploring Vision, Mood, and Perceived Organizational Support with Emotional Intelligence as a Moderator," *Frontiers in Psychology* 6, article 1322 (2015), doi:10.3389/ fpsyg.2014.01322.

19. R. E. Boyatzis, K. Rochford, and K. Cavanagh, "The Role of Emotional and Social Intelligence Competencies in Engineer's Effectiveness and Engagement," *Career Development International* 22, no. 1 (2017): 70–86.

20. J. Gregory and P. Levy, "It's Not Me, It's You: A Multilevel Examination of Variables That Impact Employee Coaching Relationships," *Consulting Psychology Journal: Practice and Research* 63, no. 2 (2011): 67–88.

21. J. Boyce, J. Jackson, and L. Neal, "Building Successful Leadership Coaching Relationships: Examining Impact of Matching Criteria in Leadership Coaching Program," *Journal of Management Development* 29, no. 10 (2010): 914–931.

22. 安德鲁·卡内基（Andrew Carnegie）的故事：L. M. Colan, "Coaching: Get It Right the First Time and Avoid Repetition," *Houston Business Journal*, October 12, 2007。

23. 定义见 *Merriam-Webster's Collegiate Dictionary*, 11th ed. (Springfield, MA: Merriam-Webster, Inc., 2009)。

24. C. Rogers and F. J. Roethlisberger, "Barriers and Gateways to Communication," *Harvard Business Review*, November– December 1991.

25. R. Lee, *The Values of Connection: A Relational Approach to Ethics* (Santa Cruz, CA: Gestalt Press, 2004).

26. H. Reiss, *The Empathy Effect: Seven Neuroscience-Based Keys for Transforming the Way We Live, Love, Work, and Connect across Differences* (Boulder, CO: Sounds True, 2018).

27. 同上。

28. 改编自 H. Kimsey-House et al., *Co-active Coaching: Changing Business, Transforming Lives* (Boston: Nicholas Brealey Publishing, 2011)。

第 8 章

1. 2017 年 11 月 2～3 日，在 CRL 会议上与杰夫的私人交流。

2. 引用来自会议讨论的发言："Coaching in Organizations: Today's Reality and Future Directions," panel discussion at the Thirteenth Annual Leading Edge Consortium conference on coaching, Minneapolis, October 20–21, 2017。

3. 来自"组织中的教练"（Coaching in Organizations）的评论。

4. 引用自一本很棒的关于同侪教练的书，其重点放在一对一教练上，见 P. Parker et al., *Peer Coaching at Work: Principles and Practices* (Stanford, CA: Stanford Business Books, 2018), 2。我们还推荐该作者之前的一些文章：P. Parker et al., "A Relational Communication Approach to Peer Coaching," *Journal of Applied Behavioral Science* 51, no. 2 (2015): 231–252; P. Parker,

K. E. Kram, and D. T. Hall, " Peer Coaching: An Untapped Resource for Development, " *Organizational Dynamics* 43, no. 2 (2014): 122–129; P. Parker, D. T. Hall, and K. E. Kram, " Peer Coaching: A Relational Process for Accelerating Career Learning, " *Academy of Management Learning and Education* 7, no. 4 (2008): 487–503; P. Parker, K. E. Kram, and D. T. Hall, " Exploring Risk Factors in Peer Coaching: A Multilevel Approach, " *Journal of Applied Behavioral Science* 49, no. 3 (2012): 361–387。

5. Bill W. *My First 40 Years: An Autobiography by the Cofounder of Alcoholics Anonymous* (Center City, MN: Hazelden, 2000).

6. M. F. R. Kets de Vries, " Leadership Group Coaching in Action: The Zen of Creating High Performance Teams, " *Academy of Management Executive* 19, no. 1 (2005): 61–76.

7. M. Higgins and K. E. Kram, " Reconceptualizing Mentoring at Work: A Developmental Network Perspective, " *Academy of Management Review* 26, no. 2 (2001): 264–288.

8. V. U. Druskat and D. C. Kayes, " Learning versus Performance in Short-Term Project Teams, " *Small Group Research* 31, no. 3 (2000): 328–353.

9. F. Barrett, *Yes to the Mess: Surprising Leadership Lessons from Jazz* (Boston: Harvard Business Review Press, 2012).

10. 参见 Barrett, *Yes to the Mess*。

11. R. Ballou et al., " Fellowship in Lifelong Learning: An Executive Development Program for Advanced Professionals, " *Journal of Management Education* 23, no. 4 (1999): 338–354; and H. Tajfel, " Social Identity and Intergroup Behavior, " *Trends and Developments: Social Science Informs* 13, no. 2 (1974): 65–93.

12. Ballou et al., "Fellowship in Lifelong Learning."

13. P. Parker et al., *Peer Coaching: Principles and Practice* (Stanford, CA: Stanford University Press, 2017) ；另见 Parker, Kram, and Hall, "Exploring Risk Factors in Peer Coaching" ; Parker, Hall, and Kram, " Peer Coaching: A Relational Process" 。

14. L. Himelstein and S. Anderson Forest, " Breaking Through, " *BusinessWeek*, February 17, 1997, pp. 64–70.

15. 一项元分析研究的结果显示，内部教练在教练对预期结果的影响方面比外部教练更有帮助；见 R. Jones, S. Woods, and Y. Guillaume, "The Effectiveness of Workplace Coaching: A Meta-Analysis of Learning and Performance Outcomes from Coaching," *Journal of Occupational and Organizational Psychology* 89 (2015): 249 –277。

16. 关于教练认证的能力模型：ICF 见 https:// coachfederation.org/core-competencies ；CCE 见 https://careerdevelopmentmusings.wordpress.com/2016/09/06/board-certified-coach-competencies-and-ceuonestop-com-courses-and-webinars-a-crosswalk/ ；WABC 见 http://www.wabccoaches.com/includes/popups/competencies.html。关于一个有效的能力模型的决定因素的广泛讨论，见 R. Boyatzis, *The Competent Manager: A Model for Effective Performance* (New York: John Wiley & Sons, 1982) ；关于认证结果的详细讨论，见 J. Fallows, "The Case against Credentialism," *The Atlantic Monthly*, December 1985, 49–67。

17. 2017 年，与克里斯·贝尔的私人对话。

18. W. Mahler, "Although Good Coaching Is Basic to Managerial Productivity, Most Organizations Have Difficulty Getting Their Managers to Be Effective Coaches," *Personnel Administration* 27, no. 1 (1964): 28–33.

19. T. E. Maltbia, "High-Impact Performance Coaching: Applying the Four C's Framework to Define, Monitor and Generate Results," *Choice Magazine* 11, no. 1 (2013): 27–32。本文的这一部分借鉴了马杰（Mager）和派普（Pipe）的经典著作：R. F. Mager and P. Pipe, *Analyzing Performance Problems*, 2nd ed. (Belmont, CA: David S. Lake Publishers, 1984)。

20. J. J. Dhaling et al. "Does Coaching Matter? A Multilevel Model Linking Managerial Coaching Skill and Frequency to Sales Goal Attainment," *Personnel Psychology* 69, no. 4 (2016): 863–894.

21. P. A. Heslin, D. Vandewalle, and G. P. Latham, "Keen to Help? Managers' Implicit Person Theories and Their Subsequent Employee Coaching," *Personnel Psychology* 59, no. 4 (2006): 871–902.

22. 这些评论来自对千禧一代的两项调查的主要数据：Manpower's 2016 *Millennial Careers: 2020 Vision*，该研究调查了来自 25 个国家的 1.9 万名千禧一代的人群，以及 American Express/Kantar Futures, *Redefining the*

C-Suite: Business the Millennial Way, 2017，该研究调查了来自美国、英国、法国和德国的 1363 名千禧一代的人。

第 9 章

1. 费尔南德斯已经撰写过大量文章探讨如何最大化才能和为某一岗位寻找到最佳人才的流程。参见他在《哈佛商业评论》上发表的文章（C. Fernández-Aráoz, "21st-Century Talent Spotting," June 2014; C. Fernández-Aráoz, B. Groysberg, and N. Nohria " The Definitive Guide to Recruiting in Good Times and Bad, " May 2009; C. Fernández-Aráoz, " Hiring without Firing," July– August 1999)，以及图书 [C. Fernández-Aráoz, *It's Not the How or the What but the Who: Succeed by Surrounding Yourself with the Best* (Boston: Harvard Business Review Press, 2014); C. Fernández-Aráoz, *Great People Decisions: Why They Matter So Much, Why They Are So Hard, and How You Can Master Them* (Hoboken, NJ: Wiley, 2007)]。

2. B. J. Avolio and S. T. Hannah, " Developmental Readiness: Accelerating Leader Development," *Consulting Psychology Journal: Practice and Research* 60 (2008). 331–347.

3. D. MacKie, " The Effects of Coachee Readiness and Core Self-Evaluations on Leadership Coaching Outcomes: A Controlled Trial, " *Coaching: An International Journal of Theory, Research and Practice* 25, no. 2 (2015): 120–136; and J. Franklin, " Change Readiness in Coaching: Potentiating Client Change," in *Evidence-Based Coaching*, ed. M. J. Cavanagh, A. Grant, and T. Kemp (Queensland: Australian Academic Press, 2005), 193–200.

4. J. O. Prochaska and C. C. DiClemente, " Stages and Processes of Self-Change of Smoking: Toward an Integrative Model of Change, " *Journal of Consulting and Clinical Psychology* 51 (1983): 390–395; J. O. Prochaska, C. C. DiClemente, and J. C. Norcross, " In Search of How People Change: Applications to the Addictive Behaviors," *American Psychologist* 47 (1992): 1102–1114.

5. Viktor Frankl, *Man's Search for Meaning: An Introduction to Logotherapy* (1946; rept. Boston: Beacon Press, 2006).